essentials

essentials liefern aktuelles Wissen in konzentrierter Form. Die Essenz dessen, worauf es als „State-of-the-Art" in der gegenwärtigen Fachdiskussion oder in der Praxis ankommt. *essentials* informieren schnell, unkompliziert und verständlich

- als Einführung in ein aktuelles Thema aus Ihrem Fachgebiet
- als Einstieg in ein für Sie noch unbekanntes Themenfeld
- als Einblick, um zum Thema mitreden zu können

Die Bücher in elektronischer und gedruckter Form bringen das Expertenwissen von Springer-Fachautoren kompakt zur Darstellung. Sie sind besonders für die Nutzung als eBook auf Tablet-PCs, eBook-Readern und Smartphones geeignet. *essentials:* Wissensbausteine aus den Wirtschafts-, Sozial- und Geisteswissenschaften, aus Technik und Naturwissenschaften sowie aus Medizin, Psychologie und Gesundheitsberufen. Von renommierten Autoren aller Springer-Verlagsmarken.

Weitere Bände in der Reihe http://www.springer.com/series/13088

Lisa Joana Talhout

Muslimische Frauen und Männer in Deutschland

Eine empirische Studie zu geschlechtsspezifischen Diskriminierungserfahrungen

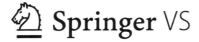 Springer VS

Lisa Joana Talhout
Sulzbach, Deutschland

ISSN 2197-6708 ISSN 2197-6716 (electronic)
essentials
ISBN 978-3-658-24843-7 ISBN 978-3-658-24844-4 (eBook)
https://doi.org/10.1007/978-3-658-24844-4

Die Deutsche Nationalbibliothek verzeichnet diese Publikation in der Deutschen Nationalbibliografie; detaillierte bibliografische Daten sind im Internet über http://dnb.d-nb.de abrufbar.

Springer VS ist ein Imprint der eingetragenen Gesellschaft Springer Fachmedien Wiesbaden GmbH und ist ein Teil von Springer Nature
Die Anschrift der Gesellschaft ist: Abraham-Lincoln-Str. 46, 65189 Wiesbaden, Germany

Was Sie in diesem *essential* finden können

- Einen Überblick über den aktuellen Forschungsstand bzgl. muslimischen Menschen in Deutschland
- Einführung in wichtige Begrifflichkeiten und aktuelle Konzepte der Diskriminierungsforschung
- Ergebnisse einer quantitativ-empirischen Studie zu Diskriminierungserfahrungen von muslimischen Menschen in Deutschland darunter eine nennenswerte Anzahl von konvertierten Menschen
- Eine Skizzierung der methodischen Vorgehensweisen
- Hinweise, Forschungslücken und Perspektiven für zukünftige Forschungsprojekte

Inhaltsverzeichnis

Einleitung

1.1 Problemstellung und Relevanz des Themas

Die sozialwissenschaftliche Forschung in Deutschland hat das Thema der Diskriminierung lange Zeit nur als Randphänomen im Kontext der sozialen Ungleichheiten betrachtet. Seit einiger Zeit ist hier eine Trendwende zu verzeichnen mit dem positiven Effekt, dass Diskriminierung als eigenständiges Phänomen erforscht wird. Besonders im Zuge der Antidiskriminierungsrichtlinien der Europäischen Union und des Allgemeinen Gleichbehandlungsgesetzes (AGG) rückte das Thema vermehrt in den Fokus aktueller Forschung (vgl. Abschn. 2.4). Eine aktuelle Studie kommt zu dem Ergebnis, dass fast ein Drittel (31,4 %) der in Deutschland lebenden Menschen von Diskriminierungserfahrungen im Sinne des AGG berichten (vgl. ADS 2015, S. 1). Diese Zahl bestätigt die gesellschaftliche Relevanz des Phänomens, auch wenn klar ist, dass subjektiv wahrgenommene Diskriminierung nicht mit tatsächlicher Diskriminierung gleichgesetzt werden kann. Trotzdem sind subjektive Diskriminierungserfahrungen von großer Bedeutung, da sie das Handeln der Betroffenen beeinflussen. Die Diskriminierungsforschung widmete sich in der Vergangenheit verschiedenen Teilen der Gesellschaft, z. B. Migrantinnen und Migranten (vgl. Fereidooni 2011; Saletin 2007, Gomolla und Radtke 2000). Im Kontext der Intersektionalität werden Wechselbeziehungen zwischen verschiedenen Differenzkategorien betrachtet, z. B. die Kategorien ‚gender‘ und ‚race‘ (vgl. Abschn. 2.1.5).

Bei eingehender Literaturrecherche fällt auf, dass Diskriminierung muslimischer Menschen in Deutschland einen selten gewählten Untersuchungsgegenstand darstellt, obwohl im Rahmen anderer Studien klar wird, dass diese zunehmend von Diskriminierung betroffen sind (vgl. Decker et al. 2016; vgl. ADS 2010). Darüber hinaus werden muslimische Menschen in der Forschung häufig aus einer

© Springer Fachmedien Wiesbaden GmbH, ein Teil von Springer Nature 2019
L. J. Talhout, *Muslimische Frauen und Männer in Deutschland,* essentials,
https://doi.org/10.1007/978-3-658-24844-4_1

Objektperspektive thematisiert, z. B. wird „ihr" Einfluss auf die Gesellschaft"
oder „die Wahrnehmung von Muslimen durch die Mehrheitsgesellschaft" untersucht (vgl. Decker et al. 2016; Halm und Sauer 2015). Ein weiteres Forschungs-
thema ist die Integration von Muslimen in Deutschland (vgl. El-Menouar 2017).
Jedoch werden nur selten die subjektiven Erfahrungen von muslimischen Menschen erforscht. Die Wichtigkeit der Subjektperspektive sollte nicht unterschätzt
werden und wird in folgendem Zitat betont:

> In vielen wichtigen Einwanderungsländern besteht daher die Tradition, Minder-
> heiten nach ihrer Erfahrung von Diskriminierung zu befragen, wissend, daß diese
> mit Diskriminierung nicht notwendig identisch ist. Die subjektive Einschätzung
> dieser Frage stellt aber einen Integrationsindikator neben der Partizipation an
> gesellschaftlichen Gütern wie Bildung, Arbeit, Einkommen und anderen dar, denn
> sie bildet die wahrgenommene Akzeptanz durch die Mehrheitsbevölkerung ab.
> (…) die Subjektperspektive [wird] kaum etwas von ihrer Bedeutung verlieren,
> weil für das Individuum real ist, was es als real empfindet, und weil nicht objektive
> Gegebenheiten, sondern deren Interpretationen das Verhalten bestimmen (Saletin
> 2007, S. 1).

Aufgrund der bestehenden Forschungslücken gibt es keine validen Zahlen zu Diskriminierungserfahrungen von Muslimen in Deutschland. Während in Deutschland erst seit dem Jahr 2017 die Erfassung von antimuslimischen Straftaten
erfolgt, gibt es in Großbritannien bereits Institutionen, die Diskriminierungserfahrungen erfassen. Diese Stellen veröffentlichen erschreckende Zahlen. Laut
dem Innenministerium Großbritanniens ereigneten sich im Jahr 2015 mindestens
„4.400 Hassattacken" (Schulz 2017, S. 1), die Dunkelziffer bleibt unbekannt.
Die Organisation Tell MAMA (Measuring Anti-Muslim Attacks) führt ein Register antimuslimischer Diskriminierungen. Laut ihrer Zahlen betreffen 75 % der
Angriffe muslimische Frauen (meistens mit religiöser Bedeckung), während die
Aggressoren zu 76 % männlich sind (vgl. ebd., S. 1). Die Betroffenen berichteten
der Organisation „regelmäßig von gehässigen Kommentaren, Beleidigungen,
muslimische Frauen werden mitunter bespuckt, in ernsten Fällen werden Muslime
zusammengeschlagen" (ebd., S. 1).

Diese Informationen beziehen sich auf Großbritannien, allerdings ist zu vermuten, dass muslimische Menschen in Deutschland ähnliche Erfahrungen
machen. Die Auswertung der islamfeindlichen Straftaten im Jahr 2017 zeigt,
dass die Gewalt gegen Muslime auch in Deutschland zunimmt (vgl. Zeit Online
2017). Ebenso steigt die Zustimmung der Bevölkerung zu ablehnenden Haltungen gegenüber Muslimen in Deutschland (vgl. Decker et al. 2016, S. 50). Diese
Tendenzen spiegeln sich in den Medien und in öffentlichen Diskursen wieder

und tragen ihrerseits zum bestehenden Klima durch negative Berichterstattung bei (vgl. Halm und Meyer 2013, S. 21). 55,4 % der Befragten der ‚Mitte-Studie‘ befürworten eine Einschränkung der Religionsausübung für Muslime in Deutschland (vgl. Decker et al. 2010, S. 53). Dies belegt eine deutliche Zustimmung zu einer gesetzeswidrigen Diskriminierung. Im Kontext der Arbeitswelt ist bereits belegt, dass Muslimas intensiv diskriminiert werden (vgl. Frings 2010). Als Muslim oder Muslima wahrgenommen zu werden, „[...] stellt einen eigenständigen Grund für Diskriminierungen" dar (Frings 2010, S. 1). Nachdem dies durch eine eigenständige qualitative Studie (Talhout 2017) bestätigt werden konnte, stellte sich die Frage nach der Art der Erfahrungen sowie nach der Häufigkeit und nach Geschlechtsspezifika. Um diese Fragestellung anhand einer breiten Datenbasis zu beantworten, sollten möglichst viele Menschen befragt werden. Dafür eignet sich die quantitativ-empirische Vorgehensweise. Es sollte nach der Relevanz der Fragestellung gefragt werden. Diese ist als hoch einzustufen, da Diskriminierungserfahrungen schwere Folgen haben können, nicht nur für die Betroffenen, sondern auch für die Gesellschaft. Diskriminierungserfahrungen können zu einer verstärkten Reethnisierung führen, diese erschwert die gesellschaftliche Integration und soziale Teilhabe (vgl. Uslucan und Yalcin 2012, S. 55). Darüberhinaus steigt das Risiko für negative Auswirkungen auf die physische und psychische Gesundheit der Betroffenen sowie das Risiko von Gewaltbereitschaft. Dies ist besonders für junge Menschen fatal, welche sich im Identitätsbildungsprozess befinden. Da die muslimische Bevölkerung in Deutschland im Durchschnitt deutlich jünger als die Gesamtbevölkerung ist (vgl. Abschn. 2.2), könnte eine große Anzahl von jungen Menschen in diesem Prozess negativ beeinflusst werden (vgl. Talhout 2017, S. 44 ff.).

Das vorliegende *essential* erhebt nicht den Anspruch, alle genannten Fragen restlos zu beantworten und gleichzeitig Lösungen zu identifizieren, aber die Erkenntnisse zur Hauptfragestellung können weitere, tiefergehende Untersuchungen inspirieren.

1.2 Zielsetzung der Arbeit

Die vorliegende Studie erforscht geschlechtsspezifische Diskriminierungserfahrungen von Muslimen in Deutschland. Sie möchte einen Beitrag zur Schließung der bestehenden Forschungslücken leisten, indem sie auf mehreren Ebenen Erkenntnisse generiert. Das erste Erkenntnisinteresse der quantitativ-empirisch angelegten Studie ist allgemeiner Art, d. h. es gilt zu erfragen, welche Diskriminierungserfahrungen muslimische Menschen in Deutschland machen. Ebenso sollen auch Diskriminierungserfahrungen von Menschen erfragt werden, welche sich selbst nicht dem Islam zugehörig fühlen, aber aufgrund einer vermeintlichen Zugehörigkeit zum Islam diskriminiert werden. Auf der zweiten Ebene sollen die Daten tiefergehend ausgewertet werden, um eine Aussage darüber treffen zu können, ob das Geschlecht der Betroffenen im Kontext der Diskriminierungserfahrungen eine Rolle spielt. Sowohl die Datenerhebung als auch die Datenauswertung folgen der Logik und Methodologie der quantitativ-empirischen Sozialforschung (vgl. Kap. 3). Zur Datenerhebung werden moderne Techniken, wie der Online-Fragebogen, genutzt, welcher durch Social Media eine möglichst große Reichweite erlangen soll, um die Repräsentativität der erhobenen Daten zu erhöhen. Referenzstudien dienen in einem letzten Schritt als Informationsquelle über die Grundgesamtheit der Zielgruppe und ermöglichen so die Einordnung der Studie in Bezug auf ihre Repräsentativität (vgl. Abschn. 2.2).

1.3   Aufbau der Studie

Die Problemstellung sowie die Zielsetzung der Studie wurden bereits skizziert. Darauf folgt die theoretische Einführung in relevante Begriffe und Konzepte in Kap. 2 (Theoretische Bezüge und Forschungsstand). Das Kap. 3 (Ergebnisse) widmet sich den Ergebnissen der quantitativ-empirischen Studie. Das *essential* schließt mit Kap. 4 (Schlussbetrachtung) ab, dieses enthält ein Fazit sowie den Ausblick auf die geplante qualitative Auswertung der Erfahrungsberichte von Teilnehmer*innen der Befragung.

Theoretische Bezüge und Forschungsstand

2

Einer quantitativ-empirischen hypothesenüberprüfenden Studie liegt ein theoretisches Konstrukt zugrunde, welche es zu überprüfen gilt. In diesem Kapitel sollen der aktuelle Stand der Forschung dargestellt und Begriffe, die dieser Untersuchung zugrunde gelegt werden, definiert werden. Anschließend können dann Hypothesen formuliert werden. Anhand dieser „Hypothesen kann dann systematisch soziale Wirklichkeit operationalisiert werden" (Raithel 2008, S. 11).

2.1 Diskriminierung als Forschungsgegenstand – Eine Begriffsbestimmung

Das Phänomen ‚Diskriminierung' wird interdisziplinär erforscht und spielt auch in anderen Disziplinen wie der Psychologie, der Soziologie, der Sprachwissenschaft und der Rechtswissenschaft eine Rolle (vgl. Scherr et al. 2017, S. ix). Die Besonderheit „sozialwissenschaftlicher Diskriminierungsforschung kann darin gesehen werden, dass sie (…) nicht auf eine handlungstheoretische oder gruppenbezogene Analyse diskriminierender Einstellungen und Handlungen beschränkt, sondern auch gesellschaftsstrukturelle (ökonomische, politische, rechtliche), kulturelle (Diskurse und Ideologien), institutionelle sowie organisatorische Bedingungen und Formen von Diskriminierung in den Blick nimmt." (Hormel 2010, S. 10). Die sozialwissenschaftliche Diskriminierungsforschung berücksichtigt in aktuelleren Debatten auch die intersektionale Perspektive (vgl. Hormel 2010, S. 10).

Aufgrund der unterschiedlichen Perspektiven und Schwerpunkte der Disziplinen gibt es unterschiedliche Definitionen. Im Folgenden wird die Definition dargestellt, die als Arbeitsgrundlage dieser Studie dient. **Diskriminierung** kann als „Verwendung von Gruppen- und Personenkategorien zur Herstellung, Begründung

© Springer Fachmedien Wiesbaden GmbH, ein Teil von Springer Nature 2019
L. J. Talhout, *Muslimische Frauen und Männer in Deutschland,* essentials,
https://doi.org/10.1007/978-3-658-24844-4_2

und Rechtfertigung von Ungleichheiten" verstanden werden (vgl. Scherr et al. 2017, S. v). Es gilt besonders zu betonen, dass diese Kategorisierungen das soziale Handeln beeinflussen. Die Problematik liegt darin, dass „(d)iese Ungleichbehandlung Nachteile und Einschränkungen für die betroffenen Personen oder Gruppen nach sich (zieht). Jeder Form von Diskriminierung liegt also eine Unterscheidung, Abwertung und Schlechterbehandlung zu Grunde" (Pates et al. 2010, S. 28). Die Intention, eine Person zu diskriminieren, muss nicht gegeben sein, d. h. eine Person kann sich diskriminierend verhalten, ohne sich dessen bewusst zu sein. Außerdem ist der Grund für Diskriminierungen mitunter nicht die tatsächliche Zugehörigkeit zu einer sozialen Gruppe, sondern die Zuschreibung eines Individuums zu einer sozialen Gruppe (vgl. Czollek et al. 2012, S. 13). Im Kontext der Forschungsfrage wurde dies bei der Erhebung berücksichtigt, da es Menschen gibt, die aufgrund einer vermeintlichen Zugehörigkeit zum Islam diskriminiert werden, obwohl sie sich selbst nicht als Muslim oder Muslima betrachten. Schließlich enthalten Diskriminierungserfahrungen nicht zwingend justiziable Tatbestände. Dies mag für die Rechtswissenschaften von Bedeutung sein, allerdings ist Justiziabilität für die sozialwissenschaftliche Diskriminierungsforschung nachrangig, „weil für das Individuum real ist, was es als real empfindet, und weil nicht objektive Gegebenheiten, sondern deren Interpretationen das Verhalten bestimmen" (Saletin 2007, S. 1).

Zum Stand der Forschung Die Diskriminierungsforschung als interdisziplinäres Forschungsgebiet hat bisher keine eigenen Theorien zur Entstehung von Diskriminierung (vgl. Zick 2017, S. 69). Daher greift sie auf klassische Theorien, z. B. Vorurteilstheorien (vgl. Tajfel und Turner 1986, 1979; Allport 1971; Sherif und Sherif 1969) zurück, hauptsächlich aus den Disziplinen Soziologie und Sozialpsychologie (vgl. Zick 2017, S. 69). Dieser Studie liegt ein Verständnis der Entstehung von Diskriminierung inspiriert durch die Theorie der Sozialen Identität von Henri Tajfel und John Turner (1979, 1986) zugrunde. In Bezug auf die Diskriminierung gesellschaftlicher Gruppen wurde von Wilhelm Heitmeyer, das Konzept der **Gruppenbezogenen Menschenfeindlichkeit** (GMF) (Heitmeyer 2007) entwickelt. Dieses Konzept bildet die theoretische Grundlage für die Langzeitstudie des Instituts für interdisziplinäre Konflikt- und Gewaltforschung (IKG) an der Universität Bielefeld (vgl. Heitmeyer 2002–2011). Aufgrund der Kritik wird das Konzept weiterentwickelt und derzeit um das Konzept der „Pauschalisierenden Ablehnungskonstruktionen (PAKOs)" ergänzt (vgl. Möller 2017, S. 428). Das Konzept (GMF) betrachtet Diskriminierung als „Syndrom" der Gruppenbezogenen Menschenfeindlichkeit. „,Gruppenbezogene Menschenfeindlichkeit' besteht darin, eine Person oder Personengruppe allein (schon) deshalb abzulehnen, weil sie als zugehörig betrachtet wird zu einer Gruppierung, die sich von der Eigengruppe unterscheidet und als fremd erscheint" (vgl. Möller 2017, S. 428). Im Rahmen der Forschungsreihe wurde die Zustimmung zu menschenfeindlichen, diskriminierenden Einstellungen in der Gesamtbevölkerung erforscht. Die vorliegende Studie nimmt eine gänzlich andere Perspektive ein, denn sie erforscht die Betroffenenperspektive, allerdings ebenfalls quantitativ. Trotzdem ist die genannte Forschungsreihe für diese Studie von Bedeutung. Sie generiert Informationen zu Einstellungen und Haltungen, die sich möglicherweise in Diskriminierungen entladen, welche die Betroffenen subjektiv wahrnehmen. Die folgenden Abschn. (2.1.1 bis 2.1.5) sind als strukturierter, komprimierter Einblick in den aktuellen Stand der Forschung zu verstehen.

2.1.1 Die Entstehung diskriminierenden Verhaltens

Wie bereits bei der Definition von Diskriminierung erwähnt, liegt ihr eine Kategorisierung zugrunde. Im Allgemeinen ist „(d)ie Einordnung von Personen in soziale Kategorien (…) ein unvermeidlicher Prozess im Alltag" (Uslucan und Yalcin 2012, S. 12). Eine solche Einordnung geschieht in der Regel unbewusst und ist notwendig, um „sich in einer Umwelt mit einer Fülle von Reizen, Informationen und Ereignissen besser zurechtzufinden" (ebda, S. 12). Dieser Prozess führt aber nicht unausweichlich zu einem Stereotyp. Als **Stereotyp** bezeichnet Gordon W. Allport „(…) eine überstarke Überzeugung, die mit einer Kategorie verbunden (und) zur Rechtfertigung (Rationalisierung) unseres diese Kategorie betreffenden Verhaltens (dient)" (Allport 1971, S. 14). Ein Stereotyp muss nicht negativ konnotiert sein, sondern kann auch „(…) der Konstruktion von kollektiver oder sozialer Identität dienen, so etwa das Bild der „heiteren, lebenslustigen Franzosen" oder der „fleißigen Deutschen" (Uslucan und Yalcin 2012, S. 14). Die positiven Stereotype erzeugen keine negativen Konsequenzen und werden daher im Folgenden vernachlässigt.

Vorurteile ergeben sich aus einem Zusammenspiel von Stereotypen und moralischen Wertungen. Häufig beruhen Vorurteile auf „(…) verzerrte(n), lückenhafte(n) oder sogar falsche(n) Informationen und können durch selektive Wahrnehmung dieser Informationen aufrechterhalten werden; sie können sowohl positive als auch negative moralische Wertungen enthalten." (ebd., S. 14). Vorurteile zu revidieren, bedeutet einen kognitiven Mehraufwand, daher werden Informationen, die das Vorurteil infrage stellen können, eher ignoriert oder zur Ausnahme erklärt (vgl. Uslucan und Yalcin 2012, S. 13). Zudem sind sich Menschen ihrer eigenen Vorurteile nur selten bewusst. Vorurteile und Stereotype stehen in direktem

Zusammenhang zur sozialen Identität. Eine positive soziale Identität ist für jedes Individuum erstrebenswert. Menschen leiten ihre soziale Identität von sozialen Merkmalen ab, dies kann z. B. die Zugehörigkeit zu einer sozialen Gruppe sein wie etwa der Nation, dem Clan oder der Peer-Group (vgl. Uslucan und Yalcin 2012, S. 20). Um das Selbstwertgefühl der Gruppe zu steigern, wird versucht, sie gegenüber Fremdgruppen aufzuwerten. Damit geht die Abwertung der Fremdgruppe einher (ebd., S. 20). Der beschriebene Prozess läuft häufig unbewusst ab und mündet nicht zwingend in Diskriminierungen. „Vorurteilsbehaftete Personen müssen nicht unbedingt aufgrund ihrer Vorurteile handeln, trotzdem neigt jede negative Einstellung laut Allport dazu, sich irgendwann und irgendwo auch in Handlung auszudrücken" (Allport zit. nach Uslucan und Yalcin 2012, S. 15). Die sozial-psychologische Perspektive ist eine Bereicherung für die Diskriminierungsforschung. Allerdings ist die Hypothese, dass Diskriminierung den Selbstwert der Diskriminierenden erhöht, in der Forschung umstritten (Zick 2017, S. 55). Diskriminierung folgt mit einiger Wahrscheinlichkeit aus Vorurteilen.

Diskriminierung als Prozess Vor allem in den Sozialwissenschaften gibt es auch Autor*innen wie z. B. Heitmeyer, die Diskriminierung als einen Eskalationsprozess beschreiben, dem ein „Konstrukt der Ungleichwertigkeit" als der Kerndimension von Diskriminierung zugrunde liegt (Heitmeyer 2007, S. 34). Dieser Begriff impliziert, dass die Ungleichwertigkeit sozial konstruiert ist und somit nicht durch genetische Merkmale entsteht. Auch spielen Machtverhältnisse in diesem Kontext eine entscheidende Rolle, da die Ungleichwertigkeit von Personen und Gruppen durch die dominanten Gruppen einer Gesellschaft vorgegeben werden, denn Normalitätskriterien werden von dominanten Gruppen definiert. Wird diesen Kriterien nicht entsprochen, wird „(…) durch den Anpassungsdruck versucht, soziale Kohäsion herbeizuführen." (Uslucan und Yalcin 2012, S. 14). In diesem Sinne können Ungleichheit und Ungleichwertigkeit als Eskalationsprozess betrachtet werden, der in mehreren Stufen ablaufen kann. Den Beginn des Prozesses stellt die Missachtung der „Ungleichwertigen" dar, das zu einem Verlust der Anerkennung führt. Daraus erwächst die Verachtung, die sich in Diskriminierung ausdrücken kann (vgl. Heitmeyer 2007, S. 37 f.). Die höchste Stufe im Eskalationsprozess wird als „Unterdrückung und Gewalt" beschrieben, diese gelten allerdings als Extremfälle im Eskalationsprozess (ebd., S. 38). Unabhängig von der erlebten Eskalationsstufe ist es wichtig für ein Individuum, solche Erfahrungen zu verarbeiten. Eine Möglichkeit, entsprechende Erfahrungen kognitiv und emotional zu verarbeiten, ist die (Wieder-)Herstellung einer positiven sozialen Identität. Um diese herzustellen, können unterschiedliche Strategien verfolgt werden. Einige dieser Strategien werden exemplarisch dargestellt, weil diese Strategien der Bewältigung von Diskriminierungserfahrungen dienen können.

Strategien zur Herstellung einer positiven sozialen Identität Ervin Goffman (1974) beschreibt unterschiedliche Strategien zur Herstellung einer positiven sozialen Identität. Diese Strategien bewirken eine Veränderung der „[…] Bewertung der eigenen sozialen Identität, die durch den Vergleich mit der Referenzgruppe entstanden ist." (Heitmeyer 2007, S. 38). Es gibt diverse Gründe für das Verlassen einer Gruppe, z. B. die Mitgliedschaft in einer neuen Gruppe. Auch in der Öffentlichkeit sind Beispiele hierfür zu beobachten, wie z. B. Personen des öffentlichen Lebens, welche einer Minorität angehören, durch bestimmte Strategien die Positionen der Mehrheit annehmen. In dieser machtvolleren Position angelangt, schauen sie auf die Minderheiten herab. Der „Seitenwechsel" ist für diese Individuen von Vorteil, da sie dadurch ihren Status erhöhen (vgl. Heitmeyer 2007, S. 38). Eine weitere Strategie wird als „soziale Kreativität" bezeichnet, diese „[…] Umdeutung der Vergleichsdimension, die die soziale Identität im günstigeren Licht erscheinen lässt." (Uslucan und Yalcin 2012, S. 13) bewirkt eine kognitive Veränderung der Vergleichsdimension. „So vergleicht sich vielleicht ein türkischstämmiger Schüler hinsichtlich seiner schulischen Leistungen nicht mit den Einheimischen, weil er darin schlechter abschneidet, sondern mit seinen türkischstämmigen Freunden, die noch schlechter abschneiden als er." (ebd., S. 13).

Als weitere Möglichkeit, die eigene soziale Identität zu beeinflussen, gilt ein Austausch der Referenzgruppe. Das heißt „Gruppen, die einen vergleichsweise niedrigeren Status einnehmen, werden zum sozialen Vergleich herangezogen und der Vergleich zur statushöheren Referenzgruppe wird vermieden." (ebd., S. 13). Dadurch erscheint die eigene Gruppe im Vergleich positiver. Exemplarisch könnten alteingesessene Migrantinnen und Migranten sich mit neueren Migrantengruppen, z. B. geflüchteten syrischen Menschen, vergleichen, die in der Mehrheitsgesellschaft eine noch niedrigere Position einnehmen (vgl. Uslucan und Yalcin 2012, S. 13). Dieser „Abwärtsvergleich" zielt darauf ab, die eigene beschädigte Identität zu „reparieren" (ebd., S. 13). Alle genannten Strategien werden angewendet, um eine Veränderung der sozialen Identität herbeizuführen, um dadurch die „beschädigte Identität" zu bewältigen (vgl. Goffman 1974, S. 153 ff.).

2.1.2   Ebenen der Diskriminierung

In der Diskriminierungsforschung werden **drei Ebenen der Diskriminierung** beschrieben: die individuelle Ebene, die institutionelle Ebene und die gesellschaftlich

Ebene. Die Komplexität der sozialen Wirklichkeit führt dazu, dass sich konkrete Diskriminierungen häufig auf mehreren Ebenen gleichzeitig zuordnen lassen (vgl. Antidiskriminierungsstelle des Bundes (ADS) 2015, S. 15).

Als **Diskriminierung auf individueller Ebene** ist das diskriminierende Verhalten von Personen aus persönlichen Beweggründen zu verstehen, beispielsweise wenn ein Vermieter nicht an kopftuchtragende Frauen vermieten möchte.

Bei **institutioneller Diskriminierung** handelt es sich um diskriminierende Handlungen einer Organisation, eines Unternehmens oder einer Verwaltung (vgl. ebd., S. 15). Dazu zählen auch diskriminierende Strukturen innerhalb der Institution, z. B. diskriminierende Auswahlverfahren. In Bezug auf muslimische Frauen in Deutschland ist das religiös begründete Kopftuch ein Streitthema, das nicht selten vor Gericht entschieden wurde. Das Bundesverfassungsgericht hat im Jahr 2015 entschieden, dass Lehrerinnen nicht grundsätzlich das Tragen eines Kopftuches untersagt werden kann und gab damit Lehrerinnen recht, welche sich gegen institutionelle Diskriminierung zur Wehr setzten (vgl. Sadigh 2015).

Wissenschaftler weisen darauf hin, dass institutionelle Diskriminierung auch in deutschen Schulen stattfindet. Davon sind nicht nur muslimische Schülerinnen und Schüler betroffen, allerdings stehen diese natürlich im Fokus dieser Arbeit.

> Dennoch sind gegenwärtig noch immer Schüler im deutschen Bildungswesen institutionell verursachter Bildungsdiskriminierung ausgesetzt. Der Unterschied zu den 1960er Jahren besteht in der Wandlung der Konfession, des Geschlechts, des sozialen Status, der Ethnie und des Wohnortes der benachteiligten Schülerschaft. Mittlerweile ist es der muslimische Junge aus der Großstadt (meistens Nachkomme von „Gastarbeitern"), der als Abziehbild für die Darstellung institutioneller Diskriminierung herhält, weil er am stärksten von der Benachteiligung durch das deutsche Schulsystem betroffen ist (Fereidooni 2011, S. 17).

Auf der **Ebene der gesellschaftlichen Diskriminierung** sind vor allem Stereotypisierungen von Bedeutung. Es ist davon auszugehen, dass Diskriminierungen eher stattfinden, wenn die diskriminierenden Personen annehmen, dass ihr Handeln gesellschaftlich akzeptiert oder sozial erwünscht ist. Islamfeindliche Einstellungen werden eher zum Ausdruck gebracht, wenn sich die diskriminierende Person in ‚islamkritischer' Gesellschaft wähnt und sie annimmt, dass ihr Verhalten sozial erwünscht ist (vgl. ADS 2015, S. 15 ff.).

2.1.3   Folgen von Diskriminierung

Diskriminierung wirkt sich unmittelbar auf das Wohlbefinden diskriminierter Personen sowie mittelbar auf die gesamte Gesellschaft aus. Die Folgen von

Diskriminierung und Gegenstrategien wurden bereits wissenschaftlich erforscht und beschrieben. Robert K. Merton erforschte die Reaktionsweisen von schwarzen Menschen und Juden auf Diskriminierungen und fand heraus, dass diskriminierte Gruppen als „Defensiv"-Strategie ihre „Rassentugenden" betonen (Merton 1995, S. 408). „Die Selbstverherrlichung, die in gewissem Maße bei allen Gruppen zu finden ist, wird zur regelmäßigen Gegenreaktion auf die andauernde Herabsetzung von außen." (ebd., S. 408). Ebenso kann Diskriminierung dazu führen, dass sich Individuen und Gruppen reethnisieren, dies beschreibt den „(…) Rückbezug auf eine imaginierte eigene Gruppe, insbesondere für Migrantinnen und Migranten, die Opfer von Diskriminierungen werden, eine durchaus geeignete Strategie, um den Selbstwert zu schützen." (Uslucan und Yalcin 2012, S. 14). Diese Strategie ist im Sinne sozialer Integration innerhalb einer Gesellschaft nicht wünschenswert. Deshalb sollte Reethnisierung nicht zwingend als eine Ablehnung der Mehrheitsgesellschaft verstanden werden, sondern als eine Strategie zur Bewältigung von Diskriminierungserfahrungen. Minoritäten haben häufig nicht dieselben Chancen wie Menschen aus der Mehrheitsgesellschaft. Wie Studien zeigen, ist dies in Deutschland u. a. beim Thema Bildung der Fall (vgl. Hummrich 2017). Diskriminierungserfahrungen können diesen Umstand noch verstärken, denn die „ständige Konfrontation mit negativen Stereotypen und Vorurteilen beeinträchtigt das Selbstwertgefühl und kann zu geringeren kognitiven Leistungen führen." (Uslucan und Yalcin 2012, S. 55). Diskriminierung kann somit zu einer Verschärfung bestehender Barrieren für Menschen mit Migrationshintergrund führen. Eine weitere Folge kann eine gesteigerte Gewaltbereitschaft sein, denn „Ausgrenzung und Benachteiligung erhöhen die Gefahr der Gewaltbereitschaft, aber auch das Risiko, Opfer von Gewalt zu werden" (Uslucan und Yalcin 2012, S. 55). Diskriminierung auf dem Arbeitsmarkt erschwert die Integration und die durch Erwerbslosigkeit ausgelöste Armut erschwert die soziale Teilhabe. Regelmäßige Diskriminierungen können zu negativen Auswirkungen auf die physische und psychische Gesundheit führen (vgl. Uslucan und Yalcin 2012, S. 55). Darüber hinaus finden sich Hinweise, dass Diskriminierungserfahrungen die Hinwendung zu extremistischen und fundamentalistischen Gruppen begünstigt (vgl. Zick 2017, S. 71; Saletin 2007, S. 11). In Zeiten, in denen Terrororganisationen gezielt junge Menschen werben, sollten diese Hinweise besonders ernstgenommen werden und die möglichen, schweren Folgen von Diskriminierung wahrgenommen werden.

Im Bildungsbereich wurde das Phänomen der Stereotypenbedrohung („stereotype threat") untersucht und es konnte festgestellt werden, dass sich Vorurteile und rassistische Einstellungen negativ auf die Leistungen von Schülerinnen und Schülern auswirken (Zick 2017, S. 69). Konkret bedeutete dies, dass Schülerinnen und Schüler, „die wahrnehmen, wie Lehrer/innen explizite oder implizite

Vorurteile über Gruppen äußern, denen sie angehören, die abwertenden Meinungen als Bedrohung" deuten (ebd., S. 70). „Sie kompensieren die dabei gefühlte Bedrohung durch Stereotype, indem sie ihre Leistungen absenken und das Stereotyp erfüllen, damit die Bedrohung ausbleibt" (Zick 2017, S. 70). Wenn man diese Forschungsergebnisse auf die Situation von muslimischen Jungen bezieht, denen häufig ein unangemessenes Frauenbild unterstellt wird, könnten eben diese Unterstellungen dazu führen, dass sie tatsächlich ein unangebrachtes Frauenbild entwickeln. Alle genannten Folgen von Diskriminierung können sich aus Diskriminierungserfahrungen ergeben, aber sie müssen nicht. Denn, wie das Individuum mit Erfahrungen umgeht, hängt von vielen Faktoren ab, z. B. von persönlichen Bewältigungsstrategien (Goffman 1974). Nachdem überblicksartig mögliche Folgen expliziert wurden, werden im folgenden Kap. Informationen zur Situation von muslimischen Menschen in Deutschland in Bezug auf Diskriminierungen zusammengestellt.

2.1.4 Diskriminierung von Muslimen in Deutschland

Die Antidiskriminierungsstelle des Bundes hat in Untersuchungen festgestellt, dass Menschen aus dem Nahen Osten und der Türkei sehr häufig mit negativen Vorurteilen konfrontiert werden (vgl. Frings 2010, S. 3). Die in Auftrag gegebene Expertise zur Diskriminierung von Musliminnen und Muslimen in der Arbeitswelt belegt, dass diese in besonderem Maß diskriminiert werden. Insbesondere muslimische Frauen mit Kopftuch werden benachteiligt, da „eine deutliche Mehrheit der deutschen Arbeitgeber […] keine Frauen mit Kopftuch einstellen (will)" (ebd., S. 33 ff.). „Muslimin oder Muslim zu sein oder als solche/-r wahrgenommen zu werden, (stellt) einen eigenständigen Grund für Diskriminierungen im Arbeitsleben dar, so lautet die „zentrale Erkenntnis" der Expertise" (ebd., S. 33 ff.). Die Erkenntnisse der Studie beziehen sich zwar auf die Situation in der Arbeitswelt, allerdings ist davon auszugehen, dass sich dieses Phänomen auch in anderen gesellschaftlichen Bereichen beobachten lässt. Leider liegen bisher keine umfassenden Zahlen zur Diskriminierung von muslimischen Menschen in Deutschland vor. Die Diskriminierungen, die früher an die Herkunft der Betroffenen, z. B. den Status des „Gastarbeiters", gekoppelt wurden, werden heute oft mit der zugeschriebenen Religionszugehörigkeit zum Islam begründet. Deshalb wird in der aktuellen rassismuskritischen Forschung zunehmend von **„Antimuslimischem Rassismus"** gesprochen. Dieser nimmt in Europa aber auch in anderen Teilen der Welt zu (vgl. Shooman 2014, S. 37). Dies führt dazu, dass Menschen mit (zugeschriebener) muslimischer Religionszugehörigkeit verstärkt von Diskriminierung betroffen sind. Hier findet teilweise eine Verschränkung von Differenzkategorien statt, z. B. Herkunft, Geschlecht und Hautfarbe (vgl. Abschn. 2.4). Fälschlicherweise wird davon ausgegangen, dass diese Tendenzen relativ neu seien und mit dem „elften September" ihren Anfang nahmen. Tatsächlich ist in den letzten Jahren eine massive Zunahme zu verzeichnen, historisch betrachtet sind antimuslimische Narrative allerdings kein neues Phänomen (vgl. Shooman 2014, S. 37 f.). Die Erfassung islamfeindlicher Straftaten, wie sie in Deutschland seit 2017 erfolgt, kann hier einen Beitrag leisten. Da Diskriminierungen nicht immer justiziabel sind, werden die Zahlen zur erlebten Diskriminierung von den offiziellen Zahlen zur Islamfeindlichkeit abweichen.

2.1.5   Exkurs: Eine intersektionale Perspektive

Der Ansatz der Intersektionalität ist aus den gender studies hervorgegangen. Die intersektionale Perspektive berücksichtigt und analysiert die „[…] Verwobenheit und das Zusammenwirken verschiedener Differenzkategorien sowie unterschiedlicher Dimensionen sozialer Ungleichheit und Herrschaft" (Bächer 2016, S. 82). Das Paradigma der Intersektionalität verwirft eindimensionale Analyseperspektiven und additive Modelle wie ‚Doppeldiskriminierung' und beschreibt „intersektionale Wechselbeziehungen, die andere Formen der Diskriminierung hervorbringen" (Marten und Walgenbach 2017, S. 166). Historisch machten vor allem feministische Bewegungen darauf aufmerksam, dass Diskriminierungen mehrere Dimensionen haben können und dass manche Menschen dadurch stärker von Diskriminierung betroffen sind. Zum Beispiel kann davon ausgegangen werden, dass eine muslimische, schwarze Frau häufiger diskriminiert wird, als eine Frau, die der weißen Mehrheitsgesellschaft in Deutschland angehört. Wenn diese Frau nun diskriminiert wird, ist nicht immer zu identifizieren, aufgrund welcher Kategorie sie diskriminiert wurde. Die Theorie der Intersektionalität berücksichtigt einige Differenzkategorien, allerdings herrscht noch kein Konsens darüber, welche dieser Differenzkategorien von gesellschaftlicher Bedeutung sind (vgl. Bächer 2016, S. 82 ff.).

Die folgenden 13 Differenzkategorien können bei einer Analyse berücksichtigt werden, ebenso kann es sinnvoll sein, sie um weitere Kategorien zu erweitern. Lutz/ Wenning führen die Differenzkategorien Geschlecht, Sexualität, „Rasse"/Hautfarbe, Ethnizität, Nationalität/Staat, Klasse, Kultur, Gesundheit, Alter, Sesshaftigkeit/ Herkunft, Besitz, Nord- Süd/Ost-West und den gesellschaftlichen Entwicklungsstand als Kategorien heran (LutzWenning 2001, S. 20). Für das vorliegende Projekt sollen die Differenzkategorien „Geschlecht" und „Religionszugehörigkeit" besondere Beachtung finden. Damit soll der Frage nachgegangen werden, ob muslimische Frauen stärker von Diskriminierung betroffen sind als männliche Muslime.

2.2   Muslimische Menschen in Deutschland – Sozialstatistische Angaben

In wissenschaftlichen Publikationen nutzen Forschende unter anderem die Variable „Herkunft" um festzustellen, wie viele Muslime in Deutschland leben. Aus rassismuskritischer Perspektive lässt sich dies zwar kritisieren, dabei sollte aber berücksichtigt werden, dass es kein Register gibt, dass die Zahl der in Deutschland lebenden Muslime verzeichnet (vgl. Stichs 2016, S. 8). Das liegt vor allem daran, dass Muslime nicht Mitglied in einer Moscheegemeinde sein müssen, um zur Glaubensgemeinschaft zu zählen. Somit ist die Variable „Herkunft" ein Versuch, durch Schätzungen der Realität möglichst nahe zu kommen.

Anzahl und Herkunftsregionen In dieser Arbeit wird die Zahl der Muslime in Deutschland aus offiziellen Schätzungen übernommen. Die Zahl der Muslime ohne Migrationshintergrund und die Zahl der Muslime aus nicht mehrheitlich muslimisch geprägten Ländern sowie die Anzahl konvertierter Menschen werden aufgrund der fehlenden Daten in den offiziellen Quellen nicht berücksichtigt. Zu bedenken ist, dass sich nicht alle Menschen aus mehrheitlich muslimischen Ländern selbst als Muslime verstehen. Da die persönliche Überzeugung in dieser Erhebung weniger relevant ist als die Fremdzuschreibung, eignen sich die offiziellen Zahlen in ausreichendem Maß. Das Bundesamt für Migration und Flüchtlinge beziffert die Zahl der in Deutschland lebenden Muslime mit 4,4 bis 4,7 Mio. Menschen im Jahr 2016 (vgl.Stichs 2016, S. 6). Etwa 2,5 Mio. Muslime in Deutschland haben einen türkischen Migrationshintergrund. Mittlerweile stellen Menschen aus dem Nahen Osten (insbesondere Afghanistan, Irak und Syrien) die zweitgrößte Herkunftsgruppe dar (vgl. ebd., S. 6). Weitere wichtige Herkunftsregionen sind der Balkan und die Maghreb-Staaten (DIK-Redaktion 2008).

Glaubensrichtungen Die in Deutschland lebenden Muslime bezeichnen sich zu 65 % als sunnitische Muslime. Neun Prozent bezeichnen sich als Schiiten und weitere acht Prozent als Aleviten. Darüber hinaus ordnen sich elf Prozent keiner der drei vorangegangenen Glaubensrichtungen zu (vgl. Mirbach 2013, S. 24).

Altersstruktur, Geschlechterverteilung und Geburtenrate Die Sozialstruktur der muslimischen Bevölkerung in Deutschland unterscheidet sich von der der

Mehrheitsgesellschaft in einigen Punkten, welche im Folgenden überblicksartig dargestellt werden. Das Geschlechterverhältnis entspricht ungefähr dem der Gesamtbevölkerung, d. h. es besteht ein geringes Ungleichgewicht zugunsten des weiblichen Geschlechts. Laut Hochrechnungen sind 52 % der muslimischen Bevölkerung weiblich und 48 % männlich (vgl. Halm und Meyer 2013, S. 24). Bei der Altersstruktur zeigen sich deutliche Unterschiede zur Gesamtbevölkerung. Während der Altersdurchschnitt in der Gesamtbevölkerung bei ca. 45 Jahren liegt, liegt er in der muslimischen Bevölkerung bei ca. 31 Jahren (DESTATIS 2017). Die Geburtenrate liegt geringfügig über der Geburtenrate der Gesamtbevölkerung und nähert sich dieser immer stärker an (vgl. Halm und Meyer 2013, S. 24). Etwa 54 % der Menschen muslimischen Glaubens sind selbst nach Deutschland eingewandert, während ca. 41 % der zweiten Generation angehören und in Deutschland geboren sind. Weitere 4 % gehören zu weiteren Generationen oder sind zum Islam konvertiert (vgl. ebd., S. 24).

Erwerbsbeteiligung, Sprachkompetenz und Bildung In Bezug auf die Erwerbsbeteiligung bestehen keine signifikanten Unterschiede zwischen Muslimen und der restlichen Bevölkerung. Trotz vergleichbarer Erwerbsbeteiligung verdienen muslimische Menschen deutlich weniger. Dies wird mit der Vermutung erklärt, dass sie häufiger im Niedriglohnsektor beschäftigt seien (vgl. El-Menouar 2017, S. 11).

Muslimische Menschen in Deutschland wachsen häufig mehrsprachig auf, trotzdem lernen ca. drei Viertel der in Deutschland geborenen Muslime die deutsche Sprache als erste Sprache (vgl. ebd., S. 11).

Religiosität 41 % der Muslime sind laut Umfragen als hoch-religiös zu bezeichnen und weitere 49 % werden als religiös bezeichnet (vgl. Mirbach 2013, S. 27). Diese Zahlen sollten allerdings im Kontext der zugrunde liegenden Definition von „Religiosität" betrachtet werden. Für ca. 49 % der als religiös beschriebenen Menschen gilt der Islam als „kulturelle Mitgift", wird aber nicht aktiv praktiziert. Trotz dieser Einschränkung liegt der Anteil der religiösen Muslime erheblich über dem Durchschnitt der Gesamtbevölkerung in Deutschland (vgl. ebd., S. 27). Interessanterweise bleibt die in dieser Studie gemessene Religiosität der Muslime über die Generationen hinweg gleich, während die Religiosität der deutschen Gesamtbevölkerung mit dem Alter zunimmt (vgl. ebd., S. 29). Das religiöse *Selbstbild* der Muslime weicht von den genannten Zahlen ab. Der Altersvergleich (Selbstbeschreibung) zeigt, dass sich junge Muslime zu 39 % als hoch-religiös bezeichnen, während sich die über 40-jährigen nur zu einem Anteil von 20 % als hoch-religiös betrachten. 15 % der Befragten zwischen 18 und 29 Jahren bezeichneten sich selbst

als nicht-religiös, bei der älteren Generation steigt der Anteil der nicht-religiösen
(vgl. ebd., S. 31). Die Autor*nnen der Studie vermuten, dass die erhöhte Religiösität
junger Muslime die Folge eines erhöhten Positionierungsdruckes ist, da junge Muslime möglicherweise stärker mit unterschiedlichen gesellschaftlichen Gruppen konfrontiert sind. „Durch diesen intensiveren Austausch erhöht sich für die jugendlichen
Muslime die Notwendigkeit, sich zu positionieren oder auch abzugrenzen. In jedem
Falle kann ihnen Religion Orientierungspunkt in einer unübersichtlichen Welt und
Möglichkeit zur Vergewisserung der eigenen Identität sein" (Mirbach 2013, S. 31).

2.3   Historische Bezüge

Um die heutige Zusammensetzung der muslimischen Bevölkerung Europas zu
verstehen, ist es unabdinglich den historischen Kontext zu kennen. Dieser histo-
rische Kontext hat direkten Einfluss auf die heutige religiöse, kulturelle und ethnische Vielfalt in den jeweiligen Staaten. Beispielsweise unterscheiden sich die
muslimischen Bevölkerungen Frankreichs und Englands von der muslimischen
Bevölkerung in Deutschland in ihrer ethnischen Herkunft. Dies ergibt sich aufgrund der unterschiedlichen Rollen der einzelnen Länder in der Kolonialzeit. Für
das muslimische Leben in Deutschland waren vor allem Migrationsbewegungen
unterschiedlicher Art maßgeblich. Die meisten Muslime in Deutschland haben
einen Migrationshintergrund, d. h., dass sie selbst oder ihre Vorfahren nach 1949
in die Bundesrepublik einwanderten (vgl. Halm und Meyer 2013, S. 23 und vgl.
Abschn. 2.2). Im Laufe der Zeit gab es mehrere Migrationsbewegungen, die
relevanten werden anschließend skizziert. Die wohl einflussreichste Bewegung
begann mit den Anwerbeabkommen mit muslimisch geprägten Staaten, dadurch
kam erstmals eine große Anzahl von muslimischen Menschen nach Deutschland. Deutschland schloss Anwerbeabkommen mit folgenden Staaten ab:
Türkei (1961), Marokko (1963), Tunesien (1965) und Jugoslawien (1968) (vgl.
DIK-Redaktion 2008). Darüber hinaus kamen etwa ab Mitte der 1970er Jahre
zunehmend asylsuchende Menschen aus Ländern wie z. B. Libanon, Iran, Afghanistan, Bosnien-Herzegowina, dem Kosovo und dem Irak nach Deutschland (vgl.
ebda.). Aufgrund der anhaltenden Kriege suchten in den letzten Jahren viele Menschen aus dem Nahen Osten, vor allem Syrien, Afghanistan und Irak, Schutz in
Deutschland (vgl. ebda.).
    Ein Großteil der muslimischen Menschen in Deutschland hat einen türki-
schen Migrationshintergrund. Im öffentlichen Diskurs wurde diese Minderheit
lange als „Gastarbeiter" oder „Türken", später als „Ausländer" und seit einigen Jahren immer mehr als „Moslems" bezeichnet. Hartwig Pautz rekonstruiert

die Umdeutung von „Ausländern" in „Muslime"/„Moslems" und deutet sie als eine neue Grenzziehung im Zuge des neuen Staatsbürgerrechtes aus dem Jahre 1999. In diesem Jahr wurde ein Gesetz erlassen, mit dem Kinder ausländischer Eltern die deutsche Staatsbürgerschaft erwerben konnten. Das führte dazu, dass die Kinder von Migrantinnen und Migranten keine Ausländer waren, sondern deutsche Staatsbürger. Deshalb wurde die Religionszugehörigkeit für eine neue Grenzziehung genutzt (vgl. Pautz 2005, S. 41). In den 2000er Jahren wurde die sogenannte „Leitkulturdebatte" geführt. Sie kann als ein Versuch der Definition einer „deutschen" Identität interpretiert werden. Sie bewirkte anstatt einer Identitätsstiftung eine erneute Abgrenzung zu den „Anderen" den „nicht-deutschen" (vgl. Shooman 2014, S. 38). Die Anschläge 2001 und die darauffolgenden „Anti- Terror-Kriege" verschärften den medialen Diskurs und bestärkten antimuslimische Narrative (vgl. ebd., S. 125).

Jahrhunderte bevor muslimische Menschen in größerer Zahl ansässig wurden, war eine andere religiöse Minderheit von Diskriminierung betroffen. Menschen jüdischen Glaubens galten jahrhundertelang als Europas „Andere". Ihren tragischen Höhepunkt nahm ihre Diskriminierung im Holocaust (vgl. Shooman 2014, S. 37). Die Traditionslinien antimuslimischer Narrative reichen bis in die Zeit der Kreuzzüge und nehmen Einfluss auf den heutigen Diskurs über den Islam. Viele Vorurteile gegenüber Menschen muslimischen Glaubens wurden entwickelt, um den Gegner zu entmenschlichen und die eigenen Streitkräfte in ihrem Auftrag zu bestärken. Das tradierte Feindbild wurde später genutzt, um die gemeinsame europäische Identität zu stilisieren und die Heere im Kampf gegen die Osmanen zu einen (vgl. ebd., S. 39). Die Gegenwärtigkeit dieser Narrative zeigt sich in aktuellen rechten Bewegungen, wie z. B. „Patriotische Europäer gegen die Islamisierung des Abendlandes". Das Erkennen der Traditionslinien der antimuslimischen Narrative ist von Bedeutung, da sich heutige Diskriminierungen häufig auf althergebrachte Stereotype gründen. Tradierte Stereotype spielen besonders auf der Ebene der gesellschaftlichen Diskriminierung eine Rolle, da sie die Grundlage dieser bilden.

2.4   Rechtliche Aspekte

Das Thema ‚Diskriminierung' beschäftigt die europäische und deutsche Gesetzgebung. Für Deutschland gelten völkerrechtlich, unionsrechtlich, verfassungsrechtlich und einfachgesetzlich verankerte Diskriminierungsverbote. Das bedeutet, dass deutsche Gesetze nicht isoliert zu betrachten sind, sondern im Kontext von menschenrechtlichen und unionsrechtlichen Vorgaben auszulegen sind (vgl. Althoff 2017, S. 240). Um den Rahmen dieses *essentials* nicht zu überschreiten und trotzdem einen kurzen Überblick zu gewähren, werden die wichtigsten Normen und Abkommen erwähnt. Den rechtlichen Rahmen gegen Diskriminierung geben die Menschenrechtskonventionen der Vereinten Nationen und des Europarates vor. Es gibt eine Reihe von geschützten Personengruppen. Für diese wurden explizite Konventionen formuliert, z. B. die UN-Anti-Rassismuskonvention (ICERD), die UN-Frauenrechtskonvention (CEDAW) und die UN-Behindertenrechtskonvention (BRK). Die Europäische Menschenrechtskonvention (EMRK) enthält spezielle Menschenrechtsabkommen zum Diskriminierungsschutz. Dadurch werden bestimmte Diskriminierungsformen merkmalsspezifisch verboten (vgl. ebd., S. 240). Infolge der einschlägigen EU-Richtlinien wurde die bundesdeutsche Gesetzgebung um das Allgemeine Gleichbehandlungsgesetz (AGG) erweitert. Laut diesem Gesetz (AGG § 1) sind Diskriminierungen aufgrund der folgenden sechs ‚Gründe' verboten: Diskriminierung aufgrund des Alters, einer Behinderung, der ethnischen Herkunft (Hautfarbe, „Race/Rasse"), des Geschlechtes, der Religion und Weltanschauung und der sexuellen Identität. Das bedeutet, dass Diskriminierung aufgrund dieser sechs Gründe strafbar ist, allerdings sind Diskriminierungen darüber hinaus nicht immer justiziable (vgl. Frings 2010, S. 18). Das Allgemeine Gleichbehandlungsgesetz (AGG) bezieht sich nur auf Diskriminierung im Arbeitsleben und bei sogenannten Alltagsgeschäften und regelt das Verhältnis der Bürger*innen untereinander. Das Verhältnis zwischen dem Staat und seinen Bürger*innen wird durch das Grundgesetz festgelegt, d. h. es finden andere Normen als das Allgemeine Gleichbehandlungsgesetz Anwendung (vgl. ebd., S. 18). Das Grundgesetz enthält neben dem Gleichheitssatz, welcher u. a. die Gleichheit zwischen Mann und Frau besagt, weitere Diskriminierungsverbote. Durch den Artikel 3 Absatz 3 Grundgesetz ist es dem Staat verboten, Menschen aufgrund ihrer natürlichen biologischen Beziehung zu ihren Vorfahren, bestimmter biologisch vererbbarer Eigenschaften, ihrer örtlichen Herkunft bzw. ihrer sozialen Abstammung, ihrer Muttersprache, ihres Glaubens oder ihrer religiösen Anschauung und ihrer staatlichen Grundeinstellung zu diskriminieren (vgl. Frings 2010, S. 18). Diese Norm gilt auch für öffentliche Anstellungsträger und öffentliche Institutionen (vgl. Frings 2010, S. 18). Im Zusammenhang mit Muslim*innen in Deutschland beschäftigte die Auslegung dieser Normen immer wieder deutsche Gerichte, weil sich beispielsweise muslimische Lehrerinnen diskriminiert fühlten, wenn ihnen das Lehren oder eine Einstellung aufgrund des Kopftuches verwehrt wurden. Dieser kurze Einblick soll im Kontext dieser Arbeit ausreichen, um das Phänomen Diskriminierung aus rechtlichen Aspekten einzuordnen. Des Weiteren orientiert sich das Erhebungsinstrument an den in § 1 AGG genannten Merkmalen.

2.5 Zwischenfazit

In den vorhergehenden Kapiteln wurde die Untersuchungsintention erläutert. Ihre konkrete Umsetzung wird anschließend geschildert. Der theoretische Teil diente der Skizzierung des Phänomens Diskriminierung. Es ist wichtig, zwischen Diskriminierung und Diskriminierungserfahrungen zu differenzieren. In dieser Erhebung stehen Diskriminierungserfahrungen von muslimischen Menschen in Deutschland im Fokus, welche unabhängig von ihrer Justiziabilität als Gegenstand sozialwissenschaftlicher Forschung nicht vernachlässigt werden sollten. Diskriminierungserfahrungen haben Folgen für die Betroffenen und je nach gewählter Bewältigungsstrategie können sie einen Einfluss auf die Gesellschaft haben, z. B. können sogenannte ‚Parallelgesellschaften' auch als Resultat einer Reethnisierung aufgrund von Diskriminierungserfahrungen gelesen werden (vgl. Abschn. 2.1.4). Ebenso konnte dargelegt werden, dass die Erforschung von Diskriminierungserfahrungen auch im Sinne einer Gewalt- und Extremismusprävention nützlich sein kann. Der aktuelle Forschungsstand offenbart große Forschungslücken, die durch die vorliegende Studie nicht geschlossen werden können. Die Informationen zur muslimischen Bevölkerung in Deutschland sind für die Einordnung der Forschungsergebnisse von besonderem Interesse. Außerdem ist es für quantitative Erhebungen wichtig, möglichst viele Informationen, insbesondere sozialstatistische Angaben, über die Grundgesamtheit zusammenzutragen. Diese Informationen sind für die Entwicklung der Erhebungsinstrumente und die Auswahl der Stichprobe unabdingbar. Darüber hinaus wurde die ungenaue statistische Datenlage begründet. Der theoretische Teil schließt mit den historischen und rechtlichen Bezügen des Phänomens ab und bildet zusammen mit den theoretischen Bezügen die Grundlage für die Interpretation der empirischen Ergebnisse.

3.1 Operationalisierung der Fragestellung (Hypothesenformulierung)

Wie bereits in Abschn. 2.1.3 erwähnt, lässt sich das Phänomen ‚Diskriminierung' auf mehreren Ebenen beschreiben. Darum ist es nötig, das Konstrukt in erforschbare Einheiten zu zerlegen. Zur Operationalisierung der Fragestellung werden deshalb Fragen genutzt, welche die drei Ebenen der Diskriminierung (s. Abschn. 2.1.2) betreffen. Diese Vorgehensweise soll dazu beitragen, dass am Ende der Studie Aussagen zu geschlechtsspezifischen Diskriminierungs-erfahrungen der Stichprobe getroffen werden können. Die zentrale Frage dieser Studie lautet: Wie unterscheiden sich Diskriminierungserfahrungen von muslimischen Frauen und Männern in Deutschland? Diese Frage wurde in konkrete Hypothesen (A-I) transferiert, um sie untersuchbar zu machen. Die methodischen Details hinsichtlich der Indikatoren, Skalierungen und Testverfahren werden aus Platzgründen nicht detailliert vorgestellt!

A) Gibt es einen Unterschied zwischen muslimischen Frauen und Männern bei der Häufigkeit der Diskriminierungserfahrungen? **Nullhypothese (H0):** Es gibt keinen Unterschied zwischen muslimischen Frauen und muslimischen Män-nern bei der Häufigkeit der Diskriminierungserfahrungen. **Alternativhypothese (H1):** Es gibt einen Unterschied bei der Häufigkeit der Diskriminierungs-erfahrungen zwischen muslimischen Frauen und muslimischen Männern.

B) Gibt es geschlechtsspezifische Tendenzen in Bezug auf die Art der Dis-kriminierungserfahrungen?

C) Gibt es geschlechtsspezifische Tendenzen in Bezug auf die angenommenen Diskriminierungsgründe? Um diese Frage zu beantworten wurde die Variable ‚Geschlecht' erhoben und die Variable ‚Grund der Diskriminierung'.

D) Gibt es geschlechtsspezifische Tendenzen in Bezug auf Diskriminierungserfahrungen in der Schule?

E) Gibt es einen Unterschied zwischen muslimischen Frauen und muslimischen
Männern in Bezug auf das individuelle Sicherheitsempfinden? **Nullhypothese
(H0):** Es gibt keinen Unterschied zwischen muslimischen Frauen und Män-
nern beim individuellen Sicherheitsempfinden. **Alternativhypothese (H1):**
Es gibt einen Unterschied zwischen muslimischen Frauen und Männern beim
individuellen Sicherheitsempfinden.

F) Gibt es einen Zusammenhang zwischen der Häufigkeit der Diskriminierungserfahrungen und dem individuellen Sicherheitsempfinden? **Nullhypothese (H0):**
Es gibt keinen Zusammenhang zwischen der Häufigkeit der Diskriminierungserfahrungen und dem individuellen Sicherheitsempfinden von muslimischen
Menschen in Deutschland. **Alternativhypothese (H1):** Es gibt einen Zusammenhang zwischen der Häufigkeit der Diskriminierungserfahrungen und dem individuellen Sicherheitsempfinden von muslimischen Menschen in Deutschland.

G) Gibt es einen Zusammenhang zwischen dem Alter und der Häufigkeit der Diskriminierungserfahrungen muslimischer Menschen? **Nullhypothese (H0):** Es
gibt keinen Zusammenhang zwischen dem Alter und der Häufigkeit der Diskriminierungserfahrungen. **Alternativhypothese (H1):** Es gibt einen Zusammenhang zwischen dem Alter und der Häufigkeit der Diskriminierungserfahrungen.

H) Gibt es einen Zusammenhang zwischen der Religiosität und der Häufigkeit der
Diskriminierungserfahrungen muslimischer Menschen? **Nullhypothese (H0):**
Es gibt keinen Zusammenhang zwischen der Religiosität und der Häufigkeit der Diskriminierungserfahrungen. **Alternativhypothese (H1):** Es gibt
einen Zusammenhang zwischen der Religiosität und der Häufigkeit der Diskriminierungserfahrungen.

I) Gibt es einen Unterschied zwischen Menschen, die religiöse Symbole tragen und
Menschen, die keine religiösen Symbole tragen in Bezug auf die Häufigkeit der
Diskriminierungserfahrungen? **Nullhypothese (H0):** Es gibt keinen Unterschied
zwischen Menschen, die religiöse Symbole tragen und Menschen, die keine
religiösen Symbole tragen in Bezug auf die Häufigkeit der Diskriminierungs-
erfahrungen. **Alternativhypothese (H1):** Es gibt einen Unterschied zwischen
Menschen, die religiöse Symbole tragen und Menschen, die keine religiösen
Symbole tragen in Bezug auf die Häufigkeit der Diskriminierungserfahrungen.

Das Ziel der Hypothesenüberprüfung, des „[…] deduktiven Forschungsprogramms
im Sinne des Kritischen Rationalismus (POPPER) […]", besteht in der Falsifikation
der Nullhypothese und der Annahme der Alternativhypothese (Raithel 2008, S. 34).
Welche Nullhypothesen in diesem Projekt verworfen wurden und welche Bestand
hatten, wird im Abschn. 3.5 festgehalten und expliziert.

3.2 Methodische Vorgehensweisen der quantitativ-empirischen Studie

Die Ansätze der sozialwissenschaftlichen Forschung lassen sich zwei übergeordneten Paradigmata zuschreiben. Hierbei handelte es sich um das qualitative Forschungsparadigma und das quantitative Paradigma. Die sich auf diese Paradigmata stützenden Forscher*innen nutzen unterschiedliche methodische und analytische Verfahren.

Bei der vorliegenden Studie handelt es sich um eine quantitativ-empirische Querschnittsstudie mit deskriptivem Forschungsziel, deshalb beschränken sich die weiteren Ausführungen auf die quantitative Forschung (vgl. Raithel 2008, S. 50). Ziel ist es, eine möglichst große Zahl von Diskriminierungserfahrungen zu erfragen und mögliche Geschlechtsspezifika zu identifizieren. Für dieses Vorhaben eignet sich die quantitative Vorgehensweise besser, weil bereits Hypothesen (durch Theoriereflexion sowie eigene und fremde Studien) formuliert werden konnten, die es nun an einer großen Zahl von Betroffenen zu überprüfen gilt. Das Erhebungsinstrument, der standardisierte Fragebogen, ist ein klassisches Erhebungsinstrument der quantitativen Forschung. Dabei wird eine größtmögliche Reichweite in Relation zur Grundgesamtheit angestrebt. Das heißt, es geht im wahrsten Sinne des Wortes auch um die Quantität der Daten (vgl. Raithel 2008, S. 50).

Die vorliegende Studie folgt einem deduktiv-empirischen Wissenschaftsmodell, das von Vertretern des kritischen Rationalismus als der „Normalfall theoretisch-empirischer Wissenschaften" betrachtet wird (Baur und Blasius 2014, S. 46 f.). Dementsprechend wichtig ist ihnen die Formulierung von Hypothesen aus Theorien, d. h. durch Deduktion und die empirische Prüfung der Hypothesen. Für den Erkenntnisgewinn dieser Studie ist weniger wichtig, ob die Hypothesen bestätigt werden können, denn in jedem Fall ist das Ergebnis ein Erkenntniszugewinn, der uns Informationen zu einem Phänomen liefert, die bisher nicht bekannt sind. Quantitative Forschungsprozesse sind möglichst linear organisiert, d. h. der Prozess wird in einzelne Phasen aufgeteilt, die aufgrund ihrer Logik nacheinander abgearbeitet werden müssen. Ein Beispiel für die Unumkehrbarkeit dieser Logik ist die Erstellung der Datenmaske. Diese muss bei einer Online-Erhebung zwingend vor der Erhebung stattfinden. Ebenso die Theoriearbeit, da sie die Grundlage für die Hypothesen und die Fragebogenentwicklung legt (vgl. Baur und Blasius 2014, S. 47).

Die quantitativ-empirische Sozialforschung kennt unterschiedliche Befragungsmodi der standardisierten Befragung, z. B. die Telefonbefragung, die persönlich-mündliche Befragung, schriftlich-postalische Befragung und die Online-Befragungen (vgl. Baur und Blasius 2014, S. 8). Letztere nutzt das moderne Medium Internet um die potenzielle Zielgruppe zu erreichen und zu befragen. Aufgrund der fortschreitenden Digitalisierung und der zunehmenden Internetabdeckung wird diese Art der Erhebung immer stärker durch die Markt- und Sozialforschung genutzt (vgl. Wagner und Hering 2014, S. 661). „76,5 % der deutschen Bevölkerung ab 14 Jahren nutzten 2013 das Internet (…), d. h. 23,5 % der Deutschen [sind] online nicht erreichbar" (ebd., S. 661). Dadurch sind internetgestützte Datenerhebungen in ihren Möglichkeiten eingeschränkt, je nach Zielgruppe sind valide Aussagen zur Auswahlwahrscheinlichkeit nicht möglich. Allerdings bieten Online-Befragungen einige Vorteile, z. B. die zeitliche und räumliche Unabhängigkeit. Somit können Befragungspersonen unabhängig von ihrem Aufenthaltsort gleichzeitig befragt werden und sie können die Zeit der Beantwortung frei wählen. Online-Befragungen kommen ohne Interviewerin oder Interviewer aus, daher entfallen die sogenannten „Interviewer-Effekte" und „Effekte sozialer Erwünschtheit" (Wagner und Hering 2014, S. 663). Die computergestützten Erhebungsmethoden erleichtern das Prüfen der Plausibilität und den Antwortausfall (Item-Nonresponse). Darüber hinaus können Fehler durch die manuelle Datenerfassung bzw. den Datentransfer vom Papier zum Computer vermieden werden.

Der Nachteil der begrenzten Erreichbarkeit, soll an dieser Stelle nochmals betrachtet werden. Die Zielgruppe ist im vorliegenden Fall die muslimische Bevölkerung in Deutschland. Es ist bekannt, dass die muslimische Bevölkerung im Durchschnitt (dieser liegt bei ca. 31 Jahren) deutlich jünger ist als die Gesamtbevölkerung. Studien zum Medienkonsum der Bevölkerung in Deutschland haben ergeben, dass „(…) über 90 % der 14- bis 40-Jährigen online (sind), (…)" (Wagner und Hering 2014, S. 664). Bezogen auf die Zielgruppe heißt das, dass davon auszugehen ist, dass ihre Erreichbarkeit per Internet vermutlich über dem Durchschnitt der Gesamtbevölkerung liegt. Diese Studie hat auf das Schneeballsystem gesetzt und durch die Nutzung von Social Media eine zufriedenstellende Ausschöpfungsquote erreicht. Bei der Erhebung wurde auf motivationale Anreize verzichtet, um Mehrfachantworten zu verhindern und die Seriosität zu wahren (vgl. Wagner und Hering 2014, S. 664).

Das Datenerhebungsinstrument, in diesem Fall der Online-Fragebogen, muss selbsterklärend sein, da es keine/n Interviewer*in gibt, welche den Inhalt erklären könnten. In Bezug auf das genutzte Datenerhebungsinstrument wurde mit möglichst wenig und einfacher Sprache gearbeitet, weil davon auszugehen ist, dass für einen Großteil der Zielgruppe die deutsche Sprache nicht die Muttersprache ist (vgl. Abschn. 2.2). Die Kontaktaufnahme erfolgte zum Teil direkt durch

Anschreiben von islamischen Institutionen z. B. Institute für Islamische Theologie, Moschee-Gemeinden und zum Teil durch Selbstrekrutierung.

Zusammenfassend lässt sich sagen, dass die Methoden der standardisierten Befragung vielfältig sind und nicht alle Verfahren für eine Zielgruppe gleich geeignet sind. Allerdings bestehen bei allen Verfahren gewisse Restrisiken bzgl. der Auswirkungen unterschiedlicher Datenqualitäten sowie von Methodeneffekten (vgl. Wagner und Hering 2014, S. 666).

3.3   Konkretisierung des Forschungsinteresses

Die geschlechtsspezifischen Unterschiede in Bezug auf Diskriminierungserfahrungen stehen im Fokus dieser Untersuchung. Im Konkreten wird vermutet, dass muslimische Frauen stärker von Diskriminierungen betroffen sind als muslimische Männer. Diese Vermutung wurde auch von Probanden geäußert: „Man wird hier in Deutschland nur von Menschen, die schlechte Bildung hatten, diskriminiert. Es tut mir mehr weh, wenn meine Frau oder meine Kleinkinder diskriminiert werden." Ein anderer Proband formulierte es so: „Die muslimischen Frauen haben es viel schwieriger als die Männer." In den Kap. 1 und 2.1.4 wurde bereits ausgeführt, dass Muslime in Deutschland zunehmend von Diskriminierung betroffen sind. Da die vorliegende Studie erste grundlegende Erkenntnisse generieren möchte, sind die Hypothesen und Ergebnisse deskriptiver Natur. Die Diskriminierungserfahrungen in der Institution Schule wurden explizit erfragt, da sich in einer vorangehenden Studie herausstellte, dass diese Institution in hohem Maße mit Diskriminierungserfahrungen in Verbindung gebracht wurde (vgl. Talhout 2017, S. 13 ff.). Darüber hinaus fällt die Schulzeit in einen Lebensabschnitt, der mit der Entwicklung der Identität assoziiert wird. In diesem Prozess können Diskriminierungserfahrungen einen erheblichen Einfluss nehmen (vgl. ebd., S. 46 ff.). Zu Diskriminierungserfahrungen im Alltag von Muslim*innen in Deutschland besteht eine Forschungslücke, deshalb liegt hier ein weiterer Schwerpunkt dieser Arbeit. Angenommen, die Vermutung, dass muslimische Frauen stärker von Diskriminierung betroffen sind als muslimische Männer, trifft zu, dann ist dieses Ergebnis deskriptiv aufzufassen und nicht explikativ. Das heißt, dass diese Studie keine Kausalität misst. Somit wird nicht erforscht, ob das Geschlecht die Intensität der Diskriminierungserfahrungen determiniert. Unterschiedliche Diskriminierungserfahrungen könnten auch anders erklärt werden, z. B. mit der Visibilität nach Goffman (vgl. Abschn. 2.1.1) oder mit der Verschränkung von Differenzkategorien im Sinne des intersektionalen Paradigmas (vgl. Abschn. 2.1.5).

3.4   Stichprobenbeschreibung

Die Stichprobenbeschreibung enthält die wichtigsten deskriptiven Ergebnisse der Stichprobe.

Demografische Ergebnisse Die Beschreibung der demografischen Ergebnisse gehört zu den Standards und ist wichtig, um die Repräsentativität einer Studie einschätzen zu können (vgl. Hoffmeyer-Zlotnik und Warner 2014, S. 738). Darüber hinaus werden die Antwortausfälle offengelegt und Verzerrungen der Stichprobe können abgeschätzt werden.

Stichprobengröße Die Stichprobe umfasst 857 Fälle. Insgesamt riefen 1368 Personen den Fragebogen auf. Die Rücklaufquote liegt bei 62,64 %. Bei 511 Fragebögen handelt es sich um sogenannte Unit-Nonresponse, d. h., dass der Fragebogen nicht ausgefüllt wurde. Mögliche Gründe für einen Abbruch sind vielfältig, beispielsweise kann die direkte Eingangsfrage desinteressierte oder nicht betroffene Menschen zum Abbruch bewegt haben. Allerdings sind Unit-Nonresponse in der quantitativen Forschung sehr verbreitet und in nahezu jeder Befragung vorhanden. Diese Rücklaufquote ist absolut zufriedenstellend, da sie insbesondere bei Online-Befragungen häufig bei unter 20 % liegt (vgl. Wagner und Hering 2014, S. 661 f.).

Geschlecht, Alter, Familienstand und Kinder Das Geschlechterverhältnis ist in der Stichprobe unausgeglichen und weicht von der Verteilung in der Gesamtpopulation ab (vgl. Abschn. 2.2). 79,2 % der Teilnehmenden sind weiblich, weitere 20,3 % sind männlich und 0,5 % ordnen sich keinem Geschlecht zu. Das Durchschnittsalter (arithmetisches Mittel) der Stichprobe liegt mit 27,1 Jahren unter dem Durchschnittsalter der Gesamtpopulation (31 Jahre). Wie in der Grafik (Abb. 3.1) zu sehen ist, gibt es mehrere Modi. Diese liegen bei den Werten 18 Jahre, 22 Jahre und 26 Jahre. Die Modi geben an, welche Werte am häufigsten eingetragen wurden. Die Standardabweichung beträgt 9,7. Sie gibt an, wie stark die Werte vom arithmetischen Mittel (27,1 Jahre) abweichen. In diesem Fall zeigt der Wert, dass die Population der Stichprobe relativ jung ist und sich im unteren und mittleren Altersbereich konzentriert. Der Median liegt in dieser Stichprobe bei 25 Jahren, d. h. 50 % der Antwortenden befinden sich in einem Altersbereich von 14 bis 25 Jahren. Das Diagramm Abb. 3.1 visualisiert die Altersverteilung das Alter in Jahren wird auf der X-Achse aufgezeichnet.

Abb. 3.1 Altersverteilung der Stichprobe

Der Familienstand wurde durch die entsprechende Variable erfasst (vgl. Abb. 3.2). 43,3 % gaben an, ledig zu sein, weitere 43,8 % bezeichneten sich als verheiratet und 4,1 % als geschieden. Darüber hinaus befinden sich 6,9 % der Teilnehmenden in einer Partnerschaft und weitere 0,2 % sind Witwerinnen und Witwer. Die Verteilung auf die unterschiedlichen Familienstände passt ins Bild der Stichprobe. In dieser befinden sich viele junge Menschen und Menschen mittleren Alters. Unter den jungen Menschen ist vermutlich eine hohe Zahl lediger Menschen. Es ist davon auszugehen, dass Menschen mittleren und höheren Alters häufiger verheiratet sind als junge Menschen, z. B. aufgrund der Altersgrenze für die Ehe.

Herkunft Eine große Mehrheit von 74,3 % der befragten Personen ist in Deutschland geboren. Diese Zahl könnte von dem Anteil in der Grundgesamtheit abweichen. An dieser Stelle ist eine Verzerrung aufgrund von Sprachbarrieren möglich. 74,3 der befragten Menschen sind Menschen mit Migrationshintergrund. Weitere 25,7 % haben keinen Migrationshintergrund. Die muslimischen Religionsangehörigen ohne Migrationshintergrund werden in Studien in aller Regel ausgelassen bzw. vernachlässigt (vgl. Abschn. 2.2).

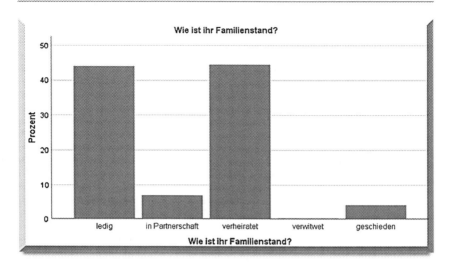

Abb. 3.2 Familienstand

Des Weiteren wurde die Staatsangehörigkeit der Teilnehmenden erfragt. 52 der gelisteten Staatsangehörigkeiten sind in der Stichprobe vorhanden. Um die Übersichtlichkeit zu gewährleisten, wurde auf die Darstellung aller Staatsangehörigkeiten verzichtet. Im Folgenden werden alle Nationalitäten, die mit mindestens einem Prozent vertreten sind, aufgezählt (vgl. Abb. 3.3): Albanien 1,2 %, Bosnien und Herzegowina 1,2 %, Deutschland 71,4 %. Indonesien 1,3 %, Marokko 2,3 %, Österreich 1,8 %, Syrien 1,1 %, Türkei 10,3 %, Tunesien 1,0 %. Aus diesen Zahlen geht hervor, dass die meisten Antwortenden die deutsche Staatsangehörigkeit besitzen. Die zweitgrößte Gruppe stellen Inhaberinnen und Inhaber der türkischen Staatsangehörigkeit. Tatsächlich sind Menschen mit türkischem Migrationshintergrund die größte Gruppe in der muslimischen Bevölkerung in Deutschland. Eine weitere große Gruppe in der Grundgesamtheit stellen Menschen aus dem Nahen Osten dar (vgl. Abschn. 2.2). Diese Gruppe ist in der Erhebung unterrepräsentiert. Die Migrationsbewegungen aus diesem Teil der Welt stehen im Kontext von aktuellen Kriegsgeschehen, daher ist davon auszugehen, dass viele dieser Menschen noch nicht genügend Sprachkompetenzen erworben haben, um eine derartige Umfrage zu beantworten.

Im Datenerhebungsinstrument wurde auf die Frage nach dem konkreten Wohnort verzichtet, um Irritationen in Bezug auf den Datenschutz vorzubeugen.

Abb. 3.3 Staatsangehörigkeiten

Stattdessen wurde nach dem Bundesland gefragt, in dem sich der Wohnort befindet. Bei der Auswertung zeigte sich, dass Bundesländer, in denen wenige Menschen muslimischen Glaubens leben, diese auch weniger stark vertreten waren. Dies trifft insbesondere auf die neuen Bundesländer zu (vgl. Abb. 3.4).

Die Grafik visualisiert die ungleichmäßige Verteilung der Stichprobe auf die Bundesländer der Republik Deutschland (vgl. Abb. 3.4). Die am häufigsten vertretenen Bundesländer sind: Hessen, Nordrhein-Westfalen, Saarland, Baden-Württemberg, Bayern, Berlin und Rheinland-Pfalz. Die Überrepräsentation des Saarlandes könnte auf die intensive Kenntnis der dortigen Strukturen durch die Studienautorin und einer entsprechenden Verbreitung des Fragebogens zurückzuführen sein.

Eine weitere interessante Kenngröße sozialstatistischer Angaben ist die formale Bildung, erhoben durch die Variable „höchster Schulabschluss". 20,8 % der Probandinnen und Probanden besitzen einen Hochschulabschluss. Weitere 27,5 % verfügen über die allgemeine Hochschulreife und 18,7 % über die Fachhochschulreife. Die Stichprobe enthält zu 24,8 % Inhaberinnen und Inhaber der mittleren Reife. 6,1 % der Teilnehmenden besitzen einen Hauptschulabschluss, während zwei Prozent über keinen Schulabschluss verfügen. Die Stichprobe weist im Vergleich zur Gesamtbevölkerung eine höhere formale Bildung, gemessen an den Schulabschlüssen, auf. An dieser Stelle kann nur die gesamte Bevölkerung der Bundesrepublik Deutschland zum Vergleich herangezogen werden, da zur formalen Bildung der Grundpopulation (aller muslimischen Menschen in Deutschland) keine Informationen vorliegen. 31,4 % der in Deutschland lebenden Menschen

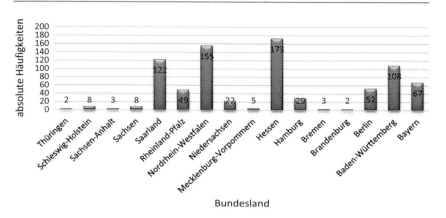

Abb. 3.4 In welchem Bundesland wohnen Sie?

haben einen Hauptschulabschluss und weitere vier Prozent können keinen
Schulabschluss vorweisen. Einen mittleren Schulabschluss besitzen 22,5 % der
Bevölkerung und 30,8 % sind im Besitz der Fachhochschulreife oder Allgemeinen
Hochschulreife (vgl. Statista 2018). Durch diesen Vergleich wird deutlich, dass
die Stichprobe überdurchschnittlich formal gebildet ist. Die Überrepräsentation
von Menschen mit erhöhtem Bildungskapital ist ein bekanntes Phänomen in der
quantitativen Forschung und keine Eigenheit dieser Studie   (vgl. Abschn. 3.2).
Die Antwortbereitschaft scheint bei Menschen mit hoher formaler Bildung größer
zu sein. Über die Gründe lässt sich spekulieren. In Bezug auf die vorliegende Studie könnte auch das Medium ‚Internet' Einfluss genommen haben. Denn laut Studien nutzen Menschen, die über eine Hochschulzugangsberechtigung verfügen,
dieses Medium am häufigsten (vgl. Wagner und Hering 2014, S. 664; Abb. 3.5).

Reproduktion Die Anzahl der Kinder wurde durch die gleichnamige Variable
erhoben. Die durchschnittliche Anzahl (arithmetisches Mittel) der Kinder in der
Stichprobe liegt bei einem Kind (1,06). Die Angaben verteilen sich in einem
Bereich von null bis acht Kindern. Die Standardabweichung liegt bei 1,45. Der
Modus liegt bei null d. h. die häufigste Antwort der Antwortenden ist, dass sie
keine Kinder haben (Abb. 3.6).

Religionszugehörigkeit Die Teilnehmenden gehören unterschiedlichen Religio-
nen an. Es bestand die Möglichkeit, neben vorgegebenen Antwortkategorien, eine
individuelle Kategorie zu erwähnen. Dies wurde vor allem von Menschen ohne

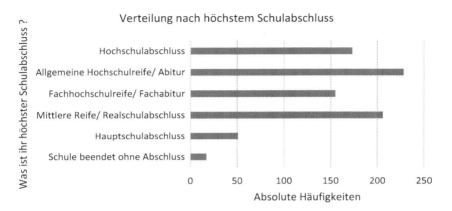

Abb. 3.5   Formale Bildung

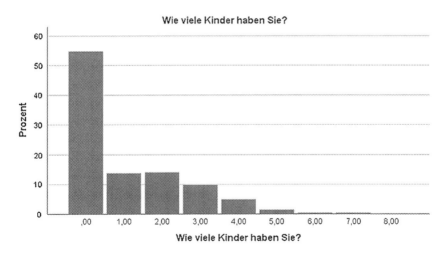

Abb. 3.6   Reproduktion

Tab. 3.1 Religionszugehörigkeit
Welche Religionszugehörigkeit haben Sie?

		Häufigkeit	Prozent	Gültige Prozente	Kumulierte Prozente
Gültig	Judentum	1	,1	,1	,1
	Christentum	28	3,3	3,4	3,5
	Islam (von Geburt an)	611	71,3	74,0	77,5
	Islam (konvertiert)	184	21,5	22,3	99,8
	Buddhismus	2	,2	,2	100,0
	Gesamt	826	96,4	100,0	
Fehlend	System	31	3,6		
Gesamt		857	100,0		

Religionszugehörigkeit genutzt. Die vollständige Verteilung ist in Tab. 3.1 visualisiert. Erwartungsgemäß sind die meisten Menschen in der Stichprobe Muslime. 74 % sind gebürtige Muslime und weitere 22,3 % sind zum Islam konvertierte Menschen. Der hohe Anteil an konvertierten Muslim*innen ist besonders interessant, da diese Gruppe in vielen quantitativen Studien wenig bis keine Beachtung findet (vgl. Abschn. 2.2).

Religiosität Diese Variable wurde auch in anderen repräsentativen Studien erhoben, z. B. im Religionsmonitor (vgl. Halm und Sauer 2015). Laut Studien sind muslimische Menschen durchschnittlich religiöser als die Gesamtbevölkerung in Deutschland (vgl. Abschn. 2.2). Häufig handelt es sich bei der Erhebung dieser Variable um eine Fremdeinschätzung. In dieser Erhebung erfolgt die Einschätzung der Religiosität durch eine Selbsteinschätzung. Das Ergebnis zeigt: 72,1 % der Befragten halten sich selbst für sehr religiös. 16,6 % der Stichprobe sind laut Selbsteinschätzung etwas religiös. Weitere 2,2 % der Antwortenden bezeichnen sich als wenig religiös und 4,2 % sind gar nicht religiös. Dieser Teil des *essentials* sollte einen Überblick über die vorliegende Stichprobe gewähren und relevante Merkmalsausprägungen thematisieren.

3.5   Auswertung der Daten zu den Forschungsfragen

Dieses Kap. widmet sich der Beantwortung der Forschungsfrage, welche in mehrere Teilhypothesen (s. Abschn. 3.1) operationalisiert wurde. Die Ergebnisse dieser Hypothesenüberprüfung werden im Folgenden für jede Hypothese dargestellt.

Darüber hinaus werden ausgewählte deskriptive Ergebnisse ausgewertet. Die Diskussion der Ergebnisse erfolgt dann in einem separaten Kap. (siehe Abschn. 3.6).

Hypothese A Die Frage lautet: Gibt es einen Unterschied zwischen muslimischen Frauen und Männern bei der Häufigkeit der Diskriminierungserfahrungen?
  Die Hypothese wurden mittels t-Test überprüft und führte zur Annahme der Nullhypothese und zum Verwerfen der Alternativhypothese (vgl. Tab. 3.3). Die Nullhypothese besagt, dass kein Unterschied zwischen muslimischen Frauen und muslimischen Männern bzgl. der Häufigkeit der Diskriminierungserfahrungen existiert. Der gemessene Unterschied ist extrem gering und nicht signifikant, d. h. der Unterschied könnte auf Zufall beruhen und kann nicht für die Grundgesamtheit angenommen werden (vgl. Tab. 3.2). Die Antwort auf die Hypothese A lautet somit: Es gibt keinen signifikanten Unterschied zwischen muslimischen Frauen und muslimischen Männern bzgl. der Häufigkeit der Diskriminierungserfahrungen in dieser Stichprobe. Die Diskussion der Ergebnisse wird zugunsten der Übersichtlichkeit im nächsten Kap. geführt.

Hypothese B Die Frage lautet: Gibt es geschlechtsspezifische Tendenzen in Bezug auf die Art der Diskriminierungserfahrungen? Die Hypothese wurde mittels deskriptiver Statistik überprüft und in Form von Kreuztabellen ausgewertet. An dieser Stelle wird auf die Signifikanztestung verzichtet. Die Kreuztabellen wurden mit Hilfe von SPSS erstellt und ausgewertet (siehe Tab. 3.4). Sie zeigen lediglich die absoluten Häufigkeiten an.

Tab. 3.2   Häufigkeit der Diskriminierung

Gruppenstatistiken

	Welches Geschlecht haben Sie?	N	Mittelwert	Std.-Abweichung	Standardfehler des Mittelwertes
Wie häufig erleben sie Diskriminierung im Alltag ?	weiblich	666	3,06	,972	,038
	männlich	169	3,03	1,020	,078

Tab. 3.3   t-Test Hypothese A

Test bei unabhängigen Stichproben

		Levene-Test der Varianzgleichheit		T-Test für die Mittelwertgleichheit					95% Konfidenzintervall der Differenz	
		F	Signifikanz	T	df	Sig. (2-seitig)	Mittlere Differenz	Standardfehler der Differenz	Untere	Obere
Wie häufig erleben sie Diskriminierung im Alltag ?	Varianzen sind gleich	,596	,444	,414	833	,679	,035	,085	-,131	,201
	Varianzen sind nicht gleich			,402	250,939	,688	,035	,087	-,136	,206

Tab. 3.4   Kreuztabelle Hypothese B

Kreuztabelle

Anzahl

		[mit bösen Blicken bedacht] Ich wurde für eine Muslima/ einen Muslim gehalten, deshalb wurde ich ...		
		Nicht Gewählt	Ja	Gesamt
Welches Geschlecht haben Sie?	weiblich	185	485	670
	männlich	72	100	172
Gesamt		257	585	842

Daher wurde eine Tabelle erstellt, die nur den Anteil der zustimmenden Frauen und Männer enthält, d. h. die absoluten Zahlen wurden in relative Häufigkeiten (Prozent) umgerechnet. Auf die Darstellung der restlichen Kreuztabellen wurde verzichtet. Um Missverständnissen vorzubeugen, sei angemerkt, dass es sich bei dieser Variable um Mehrfachantworten handelt: Wird der Anteil der Zustimmenden des jeweiligen Geschlechts mit dem Anteil der Ablehnenden des jeweiligen Geschlechts addiert ergeben sich 100 %. Der Anteil der Item-Nonresponse wird nicht visualisiert um die Übersichtlichkeit zu erhöhen.

Die Tab. 3.5 zeigt, dass Frauen bei allen genannten Arten der Diskriminierung höhere Werte aufweisen als Männer. Diese Differenz unterscheidet sich je nach Art der Diskriminierung (vgl.Tab. 3.5). An häufigsten fühlten sich Frauen und Männer durch unangenehme Blicke diskriminiert, wobei Frauen deutlich häufiger davon berichteten. Des Weiteren berichteten 61,94 % der Frauen von verbalen Angriffen, während lediglich 40,16 % der Männer diesen Erfahrungen berichten. Die Differenz bei dieser Art der Diskriminierung liegt bei mehr als 20 %, daher kann davon ausgegangen werden, dass Frauen tendenziell stärker von dieser Art der Diskriminierung betroffen sind (zumindest in dieser Stichprobe). Im Allgemeinen sind aber beide Werte als hoch einzuschätzen. 16,29 % der weiblichen Befragten und 11,05 % der männlichen Befragten geben an, durch Gesten bedroht worden zu sein. Diese Zahlen zeigen, dass die Bedrohung durch Gesten im Vergleich zu verbalen Angriffen seltener erfolgt. 36,27 % der Frauen und 28,49 % der Männer geben an, aufgrund ihrer (zugeschriebenen) Religionszugehörigkeit verspottet worden zu sein. Auch bei dieser Art der Diskriminierung sind die Frauen in dieser Stichprobe stärker betroffen als Männer. Eine Aussage zur Signifikanz dieses Unterschiedes kann an dieser Stelle noch nicht getroffen

Tab. 3.5 Hypothese B (Diskriminierungsart)

Ich wurde für eine Muslima/ einen Muslim gehalten, deshalb wurde ich.	Anteil der Frauen die mit ‚Ja‘ antworteten (%)	Anteil der Männer mit die mit ‚Ja‘ antworteten (%)
... *mit bösen Blicken bedacht*	72,34	58,14
... *mit Worten beleidigt (verbal Angegriffen)*	61,94	40,16
... *mit Gesten bedroht*	16,29	11,05
... *verspottet*	36,27	28,49
... *ungerecht behandelt*	55,22	52,91
... *körperlich angegriffen*	7,31	3,48

werden. Bei der Diskriminierung durch ungerechte Behandlung scheint es keine geschlechtsspezifischen Tendenzen zu geben. 55,22 % der Frauen und 52,91 % der Männer geben an, aufgrund der (zugeschriebenen) Religionszugehörigkeit diskriminiert worden zu sein. Die Differenz zwischen den Geschlechtern beträgt nur wenige Prozentpunkte und scheint daher nicht relevant zu sein. In Bezug auf körperliche Angriffe scheint dies anders zu sein. Zwar scheinen körperliche Angriffe die seltenste Art der Diskriminierung zu sein, aber aufgrund der existenziellen Bedeutung körperlicher Unversehrtheit, sind diesbezüglich auch geringe Zahlen alarmierend. 7,31 % der weiblichen Befragten und 3,48 % der männlichen Befragten geben an, dass sie aufgrund der (zugeschriebenen) Religionszugehörigkeit bereits Opfer von körperlichen Angriffen wurden. Die Gefahr von körperlichen Angriffen ist somit für die weiblichen Befragten doppelt so hoch wie für die männlichen Befragten. Hier ist von einer deutlichen Tendenz auszugehen.

Hypothese C Gibt es geschlechtsspezifische Tendenzen in Bezug auf die angenommenen Diskriminierungsgründe?

Der Tab. 3.6 ist zu entnehmen, dass Frauen (84,78 %) häufiger annehmen ihre (zugeschriebene) Religionszugehörigkeit sei der Grund für Diskriminierungen als Männer (76,74 %). Die Differenz zwischen den Geschlechtern ist relativ gering und kann an dieser Stelle nicht als charakteristisch bezeichnet werden. Die ethnische Herkunft wird von den männlichen Befragten (64,53 %) deutlich häufiger als Diskriminierungsgrund identifiziert als von weiblichen Befragten. Nur wenige der weiblichen Befragten (0,75 %) und männlichen Befragten (2,91 %) fühlten sich aufgrund ihres Geschlechtes diskriminiert. Auffällig ist, dass Männer sich eher Diskriminierung aufgrund des Geschlechtes ausgesetzt fühlen als

Tab. 3.6 Hypothese C (Diskriminierungsgrund)

Was glauben Sie, warum sie diskriminiert wurden?	Anteil der Frauen die mit ‚Ja' antworteten (%)	Anteil der Männer mit die mit ‚Ja' antworteten (%)
... *wegen meiner (zugeschriebenen) Religionszugehörigkeit*	84,78	76,74
... *wegen meiner ethnischen Herkunft*	37,01	64,53
... *wegen meines Geschlechts*	0,75	2,91
... *wegen meines Alters*	5,82	2,91
... *wegen meiner sexuellen Orientierung*	1,34	0

Frauen. Der Diskriminierungsgrund ‚Alter' wird von 5,82 % der teilnehmenden Frauen und von 2,91 % der teilnehmenden Männer genannt. Unter den Befragten befinden sich 1,34 % der Frauen, die sich aufgrund ihrer sexuellen Orientierung diskriminiert fühlen, während keiner der befragten Männer davon berichtet. Es gibt teilweise sehr deutliche geschlechtsspezifische Tendenzen in unterschiedliche Richtungen.

Hypothese D Berichten muslimische Frauen häufiger von Diskriminierungs-erfahrungen in der Schule als muslimische Männer?

Bei den Fragen zu Diskriminierungserfahrungen in der Schule handelt es sich um Filterfragen, das bedeutet in diesem Fall, dass sie nur von Menschen beantwortet werden können, die in Deutschland zur Schule gegangen sind. Insgesamt enthält die Stichprobe 775 Menschen, die eine Schule in Deutschland besuchten, d. h. 85 Menschen sind nicht in Deutschland zur Schule gegangen. In dieser Stichprobe berichten 332 von erlebter Diskriminierung in der Schule (siehe Tab. 3.7). Das entspricht einem prozentualen Anteil von 48,68 %. 48,27 % der weiblichen Befragten und 50,38 % der männlichen Befragten gaben an aufgrund ihrer Religionszugehörigkeit in der Schule diskriminiert worden zu sein. Entgegen der Vermutung geben die männlichen Teilnehmenden häufiger an, aufgrund ihrer (zugeschriebenen) Religionszugehörigkeit Diskriminierungen in der Schule erfahren zu haben.

Hypothese E Gibt es einen Unterschied zwischen muslimischen Frauen und muslimischen Männern in Bezug auf das individuelle Sicherheitsempfinden? Diese Frage wird mittels t-test überprüft.

Tab. 3.7 Hypothese D (Diskriminierung in der Schule)

Wurden Sie in der Schule wegen Ihrer (zugeschriebenen) Religionszugehörigkeit diskriminiert? * Welches Geschlecht haben Sie? Kreuztabelle

Anzahl

		Welches Geschlecht haben Sie?		
		weiblich	männlich	Gesamt
Wurden Sie in der Schule wegen Ihrer (zugeschriebenen) Religionszugehörigkeit diskriminiert?	Ja	265	67	332
	Nein	284	66	350
Gesamt		549	133	682

Tab. 3.8 Hypothese E (Sicherheitsempfinden)

Gruppenstatistiken

	Welches Geschlecht haben Sie?	N	Mittelwert	Std.-Abweichung	Standardfehler des Mittelwertes
[Ich fühle mich im Alltag sicher.] Wie stehen Sie zu folgenden Aussagen?	weiblich	663	2,91	,792	,031
	männlich	171	3,12	,796	,061

Die Tab. 3.8 zeigt, dass die Gruppe der weiblichen Befragten einen Mittelwert von 2,91 aufweist. Die Zahl eins entspricht ‚trifft überhaupt nicht zu' und die Zahl vier steht für die volle Zustimmung (‚trifft voll und ganz zu'). Der weibliche Mittelwert liegt somit zwischen den Antwortkategorien ‚trifft kaum zu' und ‚trifft überwiegend zu' mit einer Tendenz zur letzteren Antwortkategorie. Der Mittelwert der männlichen Befragten liegt eindeutig im Bereich ‚trifft überwiegend zu'. Das bedeutet, dass aufgrund der Gruppenstatistik (vgl. Tab. 3.8) festzustellen ist, dass sich die männlichen Befragten im Alltag sicherer fühlen als die weiblichen Befragten. Inwiefern dieser Unterschied statistisch signifikant ist, wird anschließend mittels t-Test überprüft.

Der t-Test zeigt, dass der Unterschied zwischen Frauen und Männer bei der Einschätzung des individuellen Sicherheitsempfindens bei 0,003 liegt und damit hoch signifikant ist (vgl. Tab. 3.9). Dies führt zur Ablehnung der Nullhypothese und zur Annahme der Alternativhypothese. In dieser Stichprobe haben Männer ein höheres individuelles Sicherheitsempfinden als Frauen.

Tab. 3.9 t-Test Hypothese E

Test bei unabhängigen Stichproben

		Levene-Test der Varianzgleichheit		T-Test für die Mittelwertgleichheit					95% Konfidenzintervall der Differenz	
		F	Signifikanz	T	df	Sig. (2-seitig)	Mittlere Differenz	Standardfehle r der Differenz	Untere	Obere
[Ich fühle mich im Alltag sicher.] Wie stehen Sie zu folgenden Aussagen?	Varianzen sind gleich	,807	,369	-3,027	832	,003	-,206	,068	-,339	-,072
	Varianzen sind nicht gleich			-3,020	263,653	,003	-,206	,068	-,340	-,072

Tab. 3.10 Hypothese F (Sicherheit)

Deskriptive Statistiken

	Mittelwert	Std.-Abweichung	N
Wie häufig erleben sie Diskriminierung im Alltag ?	3,05	,983	849
[Ich fühle mich im Alltag sicher.] Wie stehen Sie zu folgenden Aussagen?	2,95	,798	848

Hypothese F Gibt es einen Zusammenhang zwischen der Häufigkeit der Diskriminierungserfahrungen und dem individuellen Sicherheitsempfinden? Diese Frage wird mit dem Korrelationsmaß nach Pearson überprüft (Tab. 3.10).

Die Auswertung der deskriptiven Statistik ergibt, dass der Mittelwert der Stichprobe bzgl. der Häufigkeit der Diskriminierung bei 3,05 liegt. Dies entspricht der mittleren Antwortkategorie („manchmal"). Der Mittelwert des individuellen Sicherheitsempfindens liegt bei 2,95. Dies entspricht der Antwort, dass sich die Probandinnen und Probanden überwiegend sicher fühlen. Da der Wert zwischen „trifft kaum zu (2)" und „trifft überwiegend zu (3)" liegt, zeichnet sich auch hier eine Tendenz zu einer mittleren Antwortkategorie ab. Inwiefern nun ein Zusammenhang zwischen der Häufigkeit der Diskriminierungserfahrungen und dem individuellen Sicherheitsempfinden besteht, soll die Berechnung der Korrelation prüfen.

Die Berechnung der Korrelation (vgl. Tab. 3.11) ergibt, dass das Ergebnis zweiseitig signifikant ist, das bedeutet, dass es einen statistischen Zusammenhang zwischen der Häufigkeit der Diskriminierungserfahrungen und dem individuellen Sicherheitsempfinden im Alltag gibt. Kurz gesagt, wirken sich häufige Diskriminierungserfahrungen negativ auf das Sicherheitsempfinden aus.

Tab. 3.11   Hypothese F (Korrelation)

Korrelationen

		Wie häufig erleben sie Diskriminieru ng im Alltag ?	[Ich fühle mich im Alltag sicher.] Wie stehen Sie zu folgenden Aussagen?
Wie häufig erleben sie Diskriminierung im Alltag ?	Korrelation nach Pearson	1	-,367**
	Signifikanz (2-seitig)		,000
	N	849	841
[Ich fühle mich im Alltag sicher.] Wie stehen Sie zu folgenden Aussagen?	Korrelation nach Pearson	-,367**	1
	Signifikanz (2-seitig)	,000	
	N	841	848

**. Die Korrelation ist auf dem Niveau von 0,01 (2-seitig) signifikant.

Hypothese G   Gibt einen Zusammenhang zwischen dem Alter und der Häufig-keit der Diskriminierungserfahrungen muslimischer Menschen? Die Prüfung der Korrelation (vgl. Tab. 3.12) ergibt, dass es keinen statistisch signifikanten Zusammenhang zwischen dem Alter der Befragten und der Häufigkeit der Dis-kriminierung besteht. Dieses Ergebnis bezieht sich auf die Stichprobe, deren Durchschnittsalter relativ jung ist.

Hypothese H   Gibt einen Zusammenhang zwischen der Religiosität und der Häufigkeit der Diskriminierungserfahrungen muslimischer Menschen? Diese Frage wird mit dem Korrelationsmaß nach Pearson überprüft.

Die Prüfung der Korrelation (vgl. Tab. 3.13) führte zu der Erkenntnis, dass der Zusammenhang auf dem Niveau von 0,05 statistisch signifikant ist. Somit besteht ein statistischer Zusammenhang zwischen der Religiosität und der Häufigkeit der Diskriminierungserfahrungen.

Hypothese I   Gibt es einen Unterschied zwischen Menschen, die religiöse Sym-bole tragen und Menschen, die keine religiösen Symbole tragen in Bezug auf die Häufigkeit der Diskriminierungserfahrungen?

Die Gruppenstatistik (vgl. Tab. 3.14) enthält zwei Gruppen. Die Gruppe der Befragten, die religiöse Symbole mit sich führt bzw. trägt. Die zweite Gruppe zeigt keine äußerlichen Symbole einer Religionszugehörigkeit. Bei einem ober-flächlichen Vergleich der Mittelwerte fällt auf, dass die erste Gruppe häufiger von

Tab. 3.12 Hypothese G (Alter)

Korrelationen

		Wie häufig erleben sie Diskriminierung im Alltag?	Wie alt sind Sie?
Wie häufig erleben sie Diskriminierung im Alltag?	Korrelation nach Pearson	1	,004
	Signifikanz (2-seitig)		,913
	N	848	821
Wie alt sind Sie?	Korrelation nach Pearson	,004	1
	Signifikanz (2-seitig)	,913	
	N	821	828

Tab. 3.13 Hypothese H (Religiosität)

Korrelationen

		Wie häufig erleben sie Diskriminierung im Alltag?	Wie religiös Sind sie?
Wie häufig erleben sie Diskriminierung im Alltag?	Korrelation nach Pearson	1	,083[*]
	Signifikanz (2-seitig)		,016
	N	849	847
Wie religiös Sind sie?	Korrelation nach Pearson	,083[*]	1
	Signifikanz (2-seitig)	,016	
	N	847	854

[*]. Die Korrelation ist auf dem Niveau von 0,05 (2-seitig) signifikant.

Tab. 3.14 Hypothese I (Symbole)

Gruppenstatistiken

	Tragen Sie religiöse Symbole (z.B. Zeichen oder Kleidung)?	N	Mittelwert	Std.-Abweichung	Standardfehler des Mittelwertes
Wie häufig erleben sie Diskriminierung im Alltag?	Ja	564	3,13	,982	,041
	Nein	254	2,83	,939	,059

Diskriminierungserfahrungen berichtet als die zweite Gruppe. Um die statistische Signifikanz des Unterschiedes zu prüfen, wird ein t-Test durchgeführt (vgl. Tab. 3.15)

Der t-Test (vgl. Tab. 3.15) hat ergeben, dass der Unterschied hochsignifikant ist. Das bedeutet, dass Menschen mit äußerlich sichtbaren religiösen Symbolen häufiger von Diskriminierung betroffen sind.

Auswertung weiterer deskriptiver Ergebnisse Einige Ergebnisse, wie z. B. Religionszugehörigkeit, konnten mit den demografischen Ergebnissen vorgestellt werden. Allerdings sollen in dieser Beschreibung auch Variablen beschrieben werden, die üblicherweise nicht unter dem Begriff demografische Angaben zusammengefasst werden. Da sie für die Interpretation der Ergebnisse der Hypothesen von Bedeutung sind, werden sie an dieser Stelle ausgewertet.

Religiöse Symbole Die Variable ‚religiöse Symbole' wurde erhoben, um zu erfahren, wie viele Umfrageteilnehmer*innen durch äußere Symbole einer Religionszugehörigkeit zugeordnet werden können. 66,4 % der Antwortenden gaben an, religiöse Symbole zu tragen. 29,8 % gaben an, keine religiösen Symbole zu tragen und weitere 3,9 % machten keine Angaben.

Religiöse Bekleidungsvorschriften Die Variable ‚religiöse Symbole' ist bewusst allgemein gehalten, um möglichst viele Arten von Symbolen zuzulassen. Die Variable ‚Bekleidungsvorschriften' (vgl.Tab. 3.16) spezifiziert die Frage nach einer Merkmalskategorie, die in öffentlichen Debatten viel Aufmerksamkeit erfährt. 68,3 % der befragten Menschen geben an, dass ihnen religiöse Bekleidungsvorschriften sehr wichtig sind. Für 17,6 % sind religiöse Bekleidungsvorschriften ‚etwas' wichtig. Die Wichtigkeit religiöser Bekleidungsvorschriften wird von 3,9 % als gering (‚wenig' wichtig) eingeschätzt und 7,7 % bemessen ihnen keine Wichtigkeit zu (‚gar nicht' wichtig). Außerdem äußerten sich 20 mit der Kategorie „keine Angabe" (codiert mit der Zahl fünf) Personen nicht zu der Frage.

Tab. 3.15 t-Test Hypothese I

Test bei unabhängigen Stichproben

		Levene-Test der Varianzgleichheit		T-Test für die Mittelwertgleichheit						
									95% Konfidenzintervall der Differenz	
		F	Signifikanz	T	df	Sig. (2-seitig)	Mittlere Differenz	Standardfehler r der Differenz	Untere	Obere
Wie häufig erleben sie Diskriminierung im Alltag?	Varianzen sind gleich	,169	,681	4,003	816	,000	,293	,073	,149	,437
	Varianzen sind nicht gleich			4,071	508,178	,000	,293	,072	,152	,434

Tab. 3.16 Religiöse Bekleidung

Wie wichtig sind Ihnen religiöse Bekleidungsvorschriften?

		Häufigkeit	Prozent	Gültige Prozente	Kumulierte Prozente
Gültig	gar nicht	66	7,7	7,7	7,7
	wenig	33	3,9	3,9	11,6
	etwas	151	17,6	17,7	29,2
	sehr	585	68,3	68,4	97,7
	5	20	2,3	2,3	100,0
	Gesamt	855	99,8	100,0	
Fehlend	System	2	,2		
Gesamt		857	100,0		

Hilfeverhalten nach Diskriminierungserfahrungen Die folgenden Daten wurden in
Modul III des Fragebogens erhoben, um zu erfahren, bei welchen Personen oder Institutionen die Betroffenen Hilfe ersuchen. Bei diesem Item wurde die Möglichkeit
von Mehrfachantworten eingeräumt. 43,8 % der Befragten suchen sich keine Hilfe.
37,3 % der Teilnehmenden suchen sich Hilfe innerhalb ihrer Familie. Weitere 33,4 %
der Antwortenden benennen ihren Freundeskreis als Ressource bei Hilfebedarf. Die
folgenden Personen bzw. Institutionen wurden in dieser Stichprobe am seltensten als
Ansprechpartne*rinnen nach Diskriminierungserfahrungen benannt: Polizei (5,7 %),
Lehrpersonal (3,6 %), Anwält*innen (3,3 %) und Antidiskriminierungsstellen
(2,8 %). Darüber hinaus geben 14,9 % der befragten Menschen an, nicht zu wissen,
an wen sie sich im Falle von Diskriminierung wenden können.

3.6   Diskussion der Ergebnisse

Nachdem die aufgestellten Hypothesen statistisch überprüft wurden, sollen die
Ergebnisse der Berechnungen an dieser Stelle diskutiert werden. Um die Systema-
tik der Operationalisierung und Auswertung fortzuführen, werden die einzelnen
Hypothesen vor dem Hintergrund der Informationen aus den deskriptiven Ergebnissen diskutiert. Die Zusammenfassung der Ergebnisse erfolgt in Abschn. 3.7.

Diskussion der Hypothese A Die Hypothese A betrachtet den Unterschied
zwischen muslimischen Frauen und Männern bei der Häufigkeit der Diskriminierungserfahrungen. Dieser Unterschied wird aufgrund der bisherigen

Datenlage vermutet (vgl. Schulz 2017, S. 1; vgl. Frings 2010). Allerdings beruht diese Datenlage vor allem auf der Aufzeichnung diskriminierender Handlungen gegen Menschen muslimischen Glaubens. Diese Studie kann allerdings keinen signifikanten Unterschied zwischen muslimischen Frauen und Männern bzgl. der Häufigkeit der Diskriminierungserfahrungen feststellen. Die folgende Null-hypothese wird bestätigt: Es gibt keinen (signifikanten) Unterschied zwischen muslimischen Frauen und muslimischen Männern bei der Häufigkeit der Dis-kriminierungserfahrungen.

Die vorliegende Untersuchung enthält weitere Teilfragen zu der über-geordneten Forschungsfrage. Die Ergebnisse weichen von der Erwartung ab, dass Frauen häufiger Diskriminierungserfahrungen machen, als Männer. Es kommen mehrere Erklärungsmöglichkeiten für dieses Ergebnis in Betracht. Ein eher methodisch-theoretisches Erklärungsmodell liegt in der Konzeption der Antwortkategorien. Bei diesen Antwortkategorien handelt es sich um eine fünf-stufige Likert-Skala. Die Häufigkeit wurde nicht in Zahlen erhoben, sondern in den Worten „nie" bis „sehr häufig". Fünfstufige Antwortskalen gelten in der quan-titativen Forschung als valide, sind aber anfällig für mittlere Antworttendenzen (vgl. Franzen 2014, S. 706). Da der Mittelwert sowohl für Frauen als auch für Männer deutlich im mittleren Bereich liegt, liegt die Vermutung nahe, dass dies auf einer Antwortverzerrung beruht. Natürlich könnte es sein, dass die-ser Unterschied in der Grundgesamtheit nicht vorhanden ist und daher nicht belegt werden konnte. Außerdem gilt zu beachten, dass es sich hier nicht um beobachtete Häufigkeiten handelt, sondern um geschätzte, diese könn-ten von der realen Häufigkeit abweichen. Es sollte bedacht werden, dass Dis-kriminierungserfahrungen für die betroffenen Menschen möglicherweise schwer zu quantifizieren sind und die Entscheidung für eine Kategorie mit einem hohen kognitiven Aufwand verbunden sein kann.

Diskussion der Hypothese B Die Frage zur Hypothese lautet: Gibt es geschlechts-spezifische Tendenzen in Bezug auf die Art der Diskriminierungserfahrungen? Für die Beantwortung dieser Frage wurden die deskriptiven Ergebnisse ermittelt, d. h. es handelt sich bei den Ergebnissen um Aussagen zu Merkmalsverteilungen in der Stichprobe. Eine Verallgemeinerung auf die Grundgesamtheit wird hierbei nicht angestrebt. Die Verteilung zeigt, dass Frauen von allen genannten Antwort-kategorien häufiger betroffen sind als Männer. Die Werte sind allgemein als hoch einzuschätzen. Sie besitzen eine gewisse Plausibilität, wenn berücksichtigt wird, dass es einen Zusammenhang zwischen der Religiosität und der Häufigkeit der Dis-kriminierungen besteht und die Stichprobe einen sehr hohen Anteil von sehr religiö-sen Menschen enthält. Die Tatsache, dass die Werte bei den weiblichen Probanden bei allen Arten der Diskriminierung höher liegen, steht auf den ersten Blick im Widerspruch zum Ergebnis der Hypothese A. Allerdings könnte es sein, dass es Diskriminierungsarten gibt, von denen speziell Männer häufiger betroffen sind oder es kann vermutet werden, dass das Ergebnis A auf einer Antwortverzerrung beruht.

Diskussion der Hypothese C Die Hypothese C beschäftigt sich mit geschlechts-spezifischen Tendenzen in Bezug auf die angenommenen Diskriminierungsgründe. Die Aussagen beziehen sich auf die deskriptiven Ergebnisse dieser Studie, d. h. es handelt sich bei den Ergebnissen um Aussagen zu Merkmalsverteilungen in der Stichprobe. Die Auswertung der Ergebnisse hat gezeigt, dass sich die große Mehrheit der Befragten aufgrund ihrer Religionszugehörigkeit diskriminiert fühlt. Diskriminierungen aufgrund der ethnischen Herkunft sind der zweithäufigste Diskriminierungsgrund. Hierbei wird die Verschränkung von Diskriminierungs-gründen im Sinne der intersektionalen Perspektive deutlich. In Bezug auf musli-mische Menschen werden die Kategorien „ethnische Herkunft" und „Religion" häufig verknüpft. Daher sprechen einige Theoretiker*innen von Antimuslimischem Rassismus[1] (vgl. Abschn. 2.1.4 und Shooman 2014). Die männlichen Befragten geben deutlich häufiger als die weiblichen Befragten an, aufgrund ihrer ethni-schen Herkunft diskriminiert zu werden. Eine Möglichkeit könnte sein, dass die Religionszugehörigkeit bei Männern nicht immer ersichtlich ist und bei Frauen eventuell häufiger ersichtlich ist(religiöse Kopfbedeckungen). Diese werden im Rahmen einer offenen Antwortkategorie häufig als Grund der Diskriminierung genannt. Die ethnische Herkunft wird häufig anhand äußerer Merkmale, z. B. der Hautfarbe beurteilt, dies ist aus rassismuskritischer Sicht zu kritisieren. Natürlich sind auch andere Erklärungsmuster denkbar.

Diskussion der Hypothese D Für die Beantwortung der Hypothese D wurden erneut die Ergebnisse der deskriptiven Statistik ermittelt, um festzustellen, ob in die-ser Stichprobe muslimische Frauen häufiger von Diskriminierungserfahrungen in der Schule berichten als muslimische Männer. Wie erwartet, geben muslimische Män-ner häufiger an, in der Schule diskriminiert worden zu sein. Dieses Ergebnis passt zu den bereits vorgestellten Erkenntnissen (vgl. Abschn. 2.1.3), wonach muslimische

---

[1]An dieser Stelle würde die Diskussion des Begriffes und seiner Konzeption zu weit führen. In dieser Arbeit wurden bereits andere Begriffe wie z. B. Islamfeindlichkeit und Gruppenbezogene Menschenfeindlichkeit erklärt, jeder dieser Begriffe hat seine eigene Konzeption, welche mit Vor- und Nachteilen verbunden ist. In dieser Arbeit werden die Begriffe aus den Referenzstudien übernommen.

Jungen, insbesondere in Großstädten, einen Typus bildungsdiskriminierter Menschen darstellen (vgl. Fereidooni 2011, S. 17). Auch an dieser Stelle ist ein Verweis auf eine intersektionale Perspektive sinnvoll, denn im Kontext aktueller Debatten wird diskutiert, ob **Schüler** in der Institution Schule eine strukturell diskriminierte Gruppe sind. Aus intersektionaler Sicht läge dann eine Verschränkung von den Differenzkategorien ‚Gender‘, ‚Ethnizität‘ und ‚Religion‘ vor.

Diskussion der Hypothese E Die Ergebnisse des t-Tests führen zu einer Bestätigung der Alternativhypothese. Die Alternativhypothese besagt, dass es einen Unterschied zwischen muslimischen Frauen und Männern beim individuellen Sicherheitsempfinden gibt. Der t-Test kann belegen, dass die Mittelwerte nicht nur voneinander abweichen, sondern dass der Unterschied hochsignifikant ist. Das bedeutet, in dieser Erhebung kann nachgewiesen werden, dass muslimische Frauen in Deutschland ein geringeres individuelles Sicherheitsempfinden haben, als Männer. Die theoretischen Überlegungen gründeten sich u. a. auf der bisherigen Datenlage, nach welcher muslimische Frauen häufiger von Diskriminierung betroffen sind als muslimische Männer. Die theoretische Annahme lautet: Muslimische Frauen könnten ein geringeres individuelles Sicherheitsempfinden haben als muslimische Männer, weil sie vermutlich eher von Diskriminierungen betroffen sind. Dieses Konstrukt führt zu der nun bestätigten Aussage, dass muslimische Frauen ein signifikant geringeres, individuelles Sicherheitsempfinden aufweisen, als muslimische Männer. Trotz aller theoretischen Überlegungen ist nicht auszuschließen, dass der Grund für das geringe Sicherheitsempfinden das Geschlecht und die damit verbundene Position im sozialen Raum (Bourdieu) ist und nicht die vermehrte Erfahrung von Diskriminierung. An dieser Stelle sei angemerkt, dass diese Studie nicht die Erklärung von Kausalitäten anstrebt.

Auswertung der Hypothese F Gibt es einen Zusammenhang zwischen der Häufigkeit der Diskriminierungserfahrungen und dem individuellen Sicherheitsempfinden? Diese Frage wurde mit dem Korrelationsmaß nach Pearson überprüft, was zur Bestätigung der Alternativhypothese führte. Die Alternativhypothese lautet: Es gibt einen Zusammenhang zwischen der Häufigkeit der Diskriminierungserfahrungen und dem individuellen Sicherheitsempfinden von muslimischen Menschen in Deutschland. Wie bereits im theoretischen Teil dieser Arbeit geschildert, ist aus der Diskriminierungsforschung bekannt, dass Diskriminierungserfahrungen folgenreich sind (vgl. Abschn. 2.1.4). In dieser Studie wurde anfangs vermutet, dass sich diese Art von Erfahrungen negativ auf das individuelle Sicherheitsempfinden auswirken. Dabei wurden zwar keine Kausalitäten geprüft, aber ein Zusammenhang konnte belegt werden. Die Kausalität zu belegen könnte Gegenstand weiterer Forschungen sein. Zumindest ist durch diese Ergebnisse gesichert, dass muslimische Menschen, die häufig Diskriminierung erfahren, zu einem geringeren individuellen Sicherheitsempfinden neigen. An dieser Stelle ist es sinnvoll, die Signifikanz-Relevanz-Debatte aufzugreifen und die Ergebnisse in ihrem Lichte zu betrachten. Das Ergebnis dieser Hypothesenüberprüfung ist signifikant, allerdings stellt sich die Frage, ob es auch in der Praxis eine entsprechende Relevanz besitzt. Aufgrund der Kenntnisse aus einer vorhergehenden Studie (vgl. Talhout 2017) ist davon auszugehen, dass dies in der Praxis von Relevanz ist. Vor allem nach gewalttätigen Diskriminierungen kann das individuelle Sicherheitsgefühl stark beeinträchtigt sein. In dieser Erhebung konnte auch ermittelt werden, dass die meisten Diskriminierungen im öffentlichen Raum (z. B. auf der Straße) erlebt wurden. 81,2 % der befragten Frauen und 61,6 % der befragten Männer geben an, Diskriminierung auf öffentlichen Straßen erfahren zu haben. Der Alltagsverstand geht davon aus, dass die „Öffentlichkeit" einen gewissen Schutz, z. B. vor Straftaten bietet. Treten hier Diskriminierungen auf, kann dieses Sicherheitsgefühl beeinträchtigt werden. Hierbei können die Ebenen der Diskriminierung eine Rolle spielen, z. B. gilt die Polizei als schützende Institution. Treten in ihrem Bereich Diskriminierungen auf, entsteht ein Vertrauensdefizit. Dies könnte auch zu einem geringeren Sicherheitsempfinden beitragen (vgl. Talhout 2017). Bleibt es bei den genannten Beispielen nicht bei einem Einzelfall, sondern häufen sich die Erfahrungen in dem Leben eines Individuums, dann ist von Relevanz für die individuelle Lebenspraxis auszugehen. Dies führt u der Einschätzung, dass das Ergebnis nicht nur Signifikanz aufweist, sondern ebenso relevant ist.

Auswertung der Hypothese G Diese Hypothesenüberprüfung gilt dem Zusammenhang zwischen Alter und Häufigkeit der Diskriminierungserfahrungen muslimischer Menschen. Die folgende Nullhypothese kann bestätigt werden: Es gibt keinen Zusammenhang zwischen dem Alter und der Häufigkeit der Diskriminierungserfahrungen. Dieses Ergebnis ist bestimmten Limitationen unterworfen. Für eine repräsentative Aussage über den Zusammenhang zwischen Alter und Häufigkeit der Diskriminierungen ist die Stichprobe zu jung. Es ist festzustellen, dass die Stichprobe ein niedriges Durchschnittsalter besitzt (vgl. Abschn. 3.4), da die Mehrheit der Befragten jünger als 40 Jahre ist. In einer weiterführenden Studie könnte überprüft werden, ob sich die Nullhypothese auch bestätigt, wenn die Stichprobe mehr ältere Menschen, z. B. Rentner, enthält.

Auswertung der Hypothese H Die Hypothese H untersucht den Zusammenhang zwischen der Religiosität und der Häufigkeit der Diskriminierungserfahrungen muslimischer Menschen. Aufgrund der Berechnung des Korrelationsmaßes kann die Alternativhypothese verifiziert werden. Das heißt, der Zusammenhang zwischen der

Religiosität und der Häufigkeit der Diskriminierungserfahrungen kann belegt werden. Es kann anhand dieser Ergebnisse über die Kausalität keine Aussage getroffen werden. Allerdings kann die Vermutung, dass religiöse Menschen häufiger Opfer von Diskriminierung werden, bestätigt werden. Ein Grund dafür könnte in der Visibilität der (vermeintlichen oder tatsächlichen) Gruppenzugehörigkeit liegen (vgl. Abschn. 2.1). Beispielsweise könnte es sein, dass religiöse Menschen eher Merkmale oder Symbole mit sich führen, die es ermöglichen, sie als Menschen muslimischen Glaubens zu identifizieren. Da davon ausgegangen wird, dass die Religionszugehörigkeit als Grund für Diskriminierungen betrachtet wird, sind Menschen, deren Religionszugehörigkeit sichtbar ist, vermutlich häufiger betroffen. Diese Überlegung wird in Hypothese I überprüft.

Auswertung der Hypothese I „Muslimische Menschen in Deutschland werden häufig mit bestimmten Merkmalen assoziiert, ist z. B. mit dem Kopftuch". Auch unter den Diskriminierungsgründen scheint dieses eine besondere Rolle zu spielen, da es in Form einer halboffenen Antwortkategorie sehr häufig genannt wurde. Daher die interessante Frage: Gibt es einen Unterschied zwischen Menschen, die religiöse Symbole tragen und Menschen, die keine religiösen Symbole tragen bzgl. der Häufigkeit der Diskriminierungserfahrungen? Die Hypothesentestung mittels t-test hat ergeben, dass es einen signifikanten Unterschied zwischen Menschen, die religiöse Symbole tragen und Menschen, die keine religiösen Symbole tragen bzgl. der Häufigkeit der Diskriminierungserfahrungen gibt. Dieses Ergebnis folgt der Logik, denn wenn der Grund für die Diskriminierungen die Religionszugehörigkeit ist, ist zu erwarten, dass die Sichtbarkeit der Religionszugehörigkeit mit erhöhter Diskriminierung verbunden ist. Der Aggressor*innen können ihre Opfer dadurch leichter als „Gruppenzugehörige" identifizieren. Bei der Formulierung wurde bewusst auf die Formulierung „Kopftuch" verzichtet, dies zum einen, um eine geschlechtsneutrale Frage und Antwortmöglichkeit zu entwickeln und zum anderen, weil die Vielfalt an möglichen Symbolen groß ist, z. B. können bestimmte Kleidung, Haar oder Barttracht oder Gebetsketten als religiöse Symbole wahrgenommen werden.

3.7   Zusammenfassung der Ergebnisse

Sind muslimische Frauen stärker von Diskriminierung betroffen als muslimische Männer? Aufgrund der Ergebnisse lässt sich diese Frage nicht mit „ja" oder „nein" beantworten. In puncto Häufigkeit gibt es einen minimalen Unterschied, der in dieser Stichprobe nicht signifikant war. Allerdings gibt es geschlechtsspezifische

Tendenzen, z. B. werden Frauen mehr als doppelt so häufig Opfer von körperlichen Angriffen. Muslimische Frauen in Deutschland sind verschiedenen Arten der Diskriminierung ausgesetzt. Dies trifft auch auf muslimische Männer zu, allerdings in geringerem Ausmaß. Die deskriptiven Ergebnisse zeigen, dass die Institution Schule einen Ort für Diskriminierungen darstellt. Diese erfolgen häufig durch das Lehrpersonal. Die Befragung konnte auch feststellen, dass Betroffene nur selten professionelle Hilfe suchen. Warum die professionelle Hilfe, z. B. Antidiskriminierungsstellen, nur von wenigen Befragten in Anspruch genommen wird, könnte in weiteren Studien ermittelt werden.

Die Studie erreichte überwiegend Menschen, die sich als religiös bzw. sehr religiös bezeichnen. Je religiöser die Befragten waren, umso öfter berichteten sie von Diskriminierung. Daher könnte es sein, dass die Stichprobe stärker von Diskriminierung betroffen ist, als die Grundgesamtheit. Allerdings wird die Grundgesamtheit in den Referenzstudien auch als überwiegend religiös beschrieben. Die vorliegende Studie ist in ihrer Repräsentativität eingeschränkt. Allerdings können auch in nicht-repräsentativen Studien Zusammenhänge identifiziert werden, welche gegebenenfalls in nachfolgenden Studien untersucht werden.

Schlussbetrachtung

4

Dieses Kapitel enthält das Fazit (Abschn. 4.1), welches eine inhaltliche und forschungsmethodische Reflexion beinhaltet. Der Ausblick auf mögliche forschungsbezogene und praxisbezogene Konsequenzen dieser Arbeit erfolgt in Abschn. 4.2.

4.1 Fazit

Zu jedem Forschungsprozess gehört eine eingehende Reflexion methodischer Aspekte. Bezüglich der methodischen Entscheidungen hat sich gezeigt, dass die Vorgehensweise der online-basierten Selbstrekrutierung die Reichweite auf häufig unterrepräsentierte Gruppen (z. B. konvertierte Muslime) ausdehnen konnte. Die Repräsentativität der Studie ist zwar aufgrund der fehlenden Informationen über die Grundgesamtheit eingeschränkt, dennoch enthält sie wichtige, teils alarmierende Informationen zu Diskriminierungserfahrungen von muslimischen Menschen und Menschen mit zugeschriebener Zugehörigkeit zum Islam. Wie bereits in der Beschreibung der Problemstellung erwähnt, handelt es sich um einen sehr jungen Teil der Bevölkerung, der sich während seines Identitätsfindungsprozess vermehrt und teilweise massiv Diskriminierungen aufgrund religiöser und ethnischer Zugehörigkeiten ausgesetzt sieht. Wie auch die Referenzstudien und die klassische Literatur befürchten ließen, gehen Diskriminierungserfahrungen mit einem geminderten individuellen Sicherheitsempfinden einher. Dieser Umstand konnte in der vorliegenden Studie belegt werden. Die Ergebnisse deuten daraufhin, dass es geschlechtsspezifische Unterschiede zwischen Frauen und Männern bei den Diskriminierungserfahrungen gibt. Die Häufigkeit unterscheidet sich in dieser Studie nicht signifikant, allerdings werden Frauen doppelt so häufig Opfer

© Springer Fachmedien Wiesbaden GmbH, ein Teil von Springer Nature 2019
L. J. Talhout, *Muslimische Frauen und Männer in Deutschland,* essentials,
https://doi.org/10.1007/978-3-658-24844-4_4

existenzieller Bedrohung durch körperliche Angriffe. Auch das Setting, in dem
Diskriminierung stattfindet, unterscheidet sich tendenziell. So geben Männer
häufiger an, im institutionellen Kontext „Schule" diskriminiert zu werden, während Frauen häufiger von Diskriminierung in öffentlichen Settings, z. B. „auf der
Straße" berichten.

Die Relevanz des Phänomens ‚Diskriminierung' von muslimischen Frauen und
Männern ist aufgrund der Erkenntnisse dieser Studie als sehr hoch einzuschätzen.
Es kann bestätigt werden, dass es sich dabei nicht um ein Randphänomen handelt. Die theoretischen Annahmen, die zu der Formulierung der Hypothesen
führten, haben sich größtenteils bewahrheitet. Die Ursache für das Geschlechterungleichgewicht in dieser Stichprobe ist nicht bekannt. Möglicherweise liegt die
Ursache bei der Motivation für die Teilnahme. Das Interesse an dem Thema der
Erhebung beeinflusst das Antwortverhalten positiv. Es ist davon auszugehen, dass
Menschen mit Diskriminierungserfahrungen ein grundsätzlich größeres Interesse
an der Thematik haben, als Menschen ohne entsprechende Erfahrungen. Wenn
dies berücksichtigt wird und mit der Erwartung, dass muslimische Frauen stärker
von Diskriminierung betroffen sind als muslimische Männer, verknüpft wird, ist
ein Geschlechterungleichgewicht plausibel. Allerdings bleibt die grundsätzliche
Frage, ob Diskriminierungen überhaupt ‚messbar' sind. In dieser Studie wird versucht, diese Frage dahin gehend zu lösen, dass Diskriminierungserfahrungen und
nicht konkrete Diskriminierungen erhoben werden. Dabei handelt es sich immer
um eine subjektive Wahrnehmung, die den objektiven Tatsachen entsprechen kann,
aber nicht muss. Genau hierin liegt die Besonderheit dieser Studie, welche die
subjektive Perspektive abbildet und somit neue Blickwinkel schafft. Die Subjektperspektive sollte in der Forschung und auf politscher Ebene mehr Beachtung
erfahren, da subjektive Interpretationen der Wirklichkeit das Handeln bestimmen.
Eine Begrenzung der Studie liegt in der Erklärung von Kausalitäten. Dies war
nicht das Ziel der Studie und die Ergebnisse lassen keine Aussagen darüber zu.

4.2 Ausblick

Die Ergebnisse dieser Studie dienen nicht nur der Weiterentwicklung der perspektivischen Betrachtung von Diskriminierungserfahrungen muslimischer Menschen in Deutschland. Die Zusatzinformationen, welche in der Studie erhoben
wurden, sind so bedeutend, dass eine qualitative Auswertung in Zukunft erfolgen wird. Die Antworten enthalten teilweise Schilderungen von typischen diskriminierenden Situationen. Eine Lektüre dieser Berichte könnte Praktiker*innen
in unterschiedlichen Feldern der Sozialen Arbeit und anderen Disziplinen,

z. B. der Pädagogik und der Rechtswissenschaften, bei der Reflexion ihrer
(diskriminierungsfreien) Praxis unterstützen. Hierbei ist explizit das Lehrpersonal
angesprochen, das durch entsprechende Fortbildungen zu diskriminierungsfreiem
Umgang mit Diversität unterstützt werden sollte. In der Antidiskriminierungs-
arbeit könnten diese Berichte ebenfalls als Ressource für realistische Beispiele
genutzt werden. Auch für Menschen im privaten Kontext kann die Studie interessant sein, um das eigene Handeln zu reflektieren und zu erfahren, welche
Erfahrungen Menschen abseits der Mehrheitsgesellschaft machen. In dieser
Studie werden die Inanspruchnahme rechtlicher Möglichkeiten und die Unter-
stützung durch Antidiskriminierungsstellen nur am Rande behandelt. Die dies-
bezüglichen Ergebnisse könnten allerdings weiterführende Forschungen, z. B.
bezüglich der Ursache für die geringe Inanspruchnahme, inspirieren.

Was Sie aus diesem *essential* mitnehmen können

- **Diskriminierung** ist kein Randphänomen, sondern kann als Folge von Konstrukten der Ungleichwertigkeit angesehen werden, die sich in einem Eskalationsprozess verschärfen kann (Heitmeyer 2007). Diskriminierung lässt sich auf drei Ebenen beschreiben: auf der **individuellen**, der **institutionellen** und der **gesellschaftlichen Ebene.**
- Die Auswertung zeigt, dass 83 % der Befragten sich wegen ihrer zugeschriebenen Religionszugehörigkeit durch unterschiedliche Handlungen diskriminiert fühlen. Dabei gibt es geschlechtsspezifische Unterschiede. Je häufiger die Befragten von Diskriminierungserfahrungen berichten umso geringer ist ihr individuelles Sicherheitsempfinden.
- Diskriminierungserfahrungen können für die Betroffenen langfristige Folgen haben und einem Zugehörigkeitsgefühl zur Gesellschaft entgegenwirken. Besonders Menschen im Identitätsentwicklungsprozess können durch Diskriminierung negativ beeinflusst werden.

© Springer Fachmedien Wiesbaden GmbH, ein Teil von Springer Nature 2019
L. J. Talhout, *Muslimische Frauen und Männer in Deutschland,* essentials,
https://doi.org/10.1007/978-3-658-24844-4

Literatur

Allport, G. W. (1971). Die Natur des Vorurteils. Köln: Kiepenheuer & Witsch.

Althoff, N. (2017). Das Diskriminierungsverbot im nationalen. In: Scherr, A. & El-Mafaalani, A. & Yüksel, G. (Hrsg.) Handbuch Diskriminierung. Wiesbaden: Springer Fachmedien, S. 239–258.

Antidiskriminierungsstelle des Bundes (ADS) (2015). Diskriminierungserfahrungen in Deutschland. Erste Ergebnisse einer repräsentativen Betroffenenbefragung. Berlin: Antidiskriminierungsstelle des Bundes.

Bächer, P. (2016). Männer im Raum. München: Schriftenreihe der Hochschule München.

Baur, N. & Blasius, J. (2014). Methoden der empirischen Sozialforschung. In: N. Baur & J. Blasius, Hrsg. Handbuch der empirischen Sozialforschung. Wiesbaden: Springer Fachmedien, S. 41–65.

Decker, O., Kiess, J., Eggers, E. & Brähler, E. (2016). Die „Mitte"-Studie 2016: Methode, Ergebnisse und Langzeitverkauf. In: Die enthemmte Mitte- Autoritäre und rechtsextreme Einstellungen in Deutschland. Gießen: Psychosozial Verlag, S. 23–67.

Decker, O. & Brähler, E. (2010). Islamfeindlichkeit und rechtsextreme Einstellung. In: Decker, O., Kiess, J., Weißmann, M. & Brähler, E. (2010). Die Mitte in der Krise- Rechtsextreme Einstellungen in Deutschland 2010. In Auftrag der Friedrich-Ebert-Stiftung. Berlin, S. 122–135.

DESTATIS (2017). Pressemitteilung Nr. 197 vom 13.06.2017. Wiesbaden.

Deutsche Islamkonferenz Redaktion (DIK-Redaktion) (2008). Geschichte der Muslime in Deutschland. Online verfügbar unter: http://www.deutsche-islam-konferenz.de/DIK/DE/Magazin/Lebenswelten/GeschichteIslam/geschichteislam-node.html, [03.12.2018].

El-Menouar, Y. (2014). Befragung von Migranten. In: Baur, N. & Blasius, J. (Hrsg.) Handbuch Methoden der empirischen Sozialforschung. Wiesbaden: Springer Fachmedien, S. 787–799.

El-Menouar, Y. (2017). Muslime in Europa Integriert, aber nicht akzeptiert? Ergebnisse und Länderprofile. Gütersloh: Bertelsmann Stiftung.

Fereidooni, K. (2011). Schule – Migration –Diskriminierung. Ursachen der Benachteiligung von Kindern mit Migrationshintergrund im deutschen Schulsystem. Wiesbaden: VS Research.

© Springer Fachmedien Wiesbaden GmbH, ein Teil von Springer Nature 2019
L. J. Talhout, *Muslimische Frauen und Männer in Deutschland,* essentials,
https://doi.org/10.1007/978-3-658-24844-4

Franzen, A. (2014). Antwortskalen in standardisierten Befragungen. In: Baur, N./Blasius, J. (Hrsg.). Handbuch Methoden der empirischen Sozialforschung. Wiesbaden: Springer Fachmedien, S. 701–713.

Frings, D. (2010). Diskriminierung aufgrund der islamischen Religionszugehörigkeit im Kontext Arbeitsleben – Erkenntnisse, Fragen und Handlungsempfehlungen Diskriminierungen von Musliminnen und Muslimen im Arbeitsleben und das AGG. Rechtswissenschaftliche Expertise im Auftrag der Antidiskriminierungsstelle des Bundes. Berlin.

Goffman, E. (1974). Stigma. Über Techniken der Bewältigung beschädigter Identität. Frankfurt am Main: Suhrkamp Verlag.

Gomolla, M. & Radtke, F.-O. (2000). Mechanismen institutionalisierter Diskriminierung in der Schule. In: Gogolin, I. & Nauck, B. (Hrsg.) Migration, gesellschaftliche Differenzierung und Bildung. Wiesbaden: VS Verlag für Sozialwissenschaften, S. 321–341.

Hafez, K. & Schmidt, S. (2015). Die Wahrnehmung des Islams in Deutschland. Gütersloh: Verlag Bertelsmann Stiftung.

Halm, D. & Meyer, H. (2013). Islam und die deutsche Gesellschaft. Wiesbaden: Springer VS.

Halm, D.& Sauer, M. (2015). Lebenswelt deutscher Muslime. Gütersloh: Bertelsmann Stiftung.

Heitmeyer, W. (2007): Die Ideologie der Ungleichwertigkeit. Der Kern der Gruppenbezogenen Menschenfeindlichkeit. In: Heitmeyer, Wilhelm: Deutsche Zustände 6, Frankfurt/Main: Suhrkamp Verlag, S. 36–44

Heitmeyer, W. (Hrsg.) (2002–2011) Deutsche Zustände. Folge 1–10. Suhrkamp, Frankfurt a. M.

Hoffmeyer-Zlotnik, J. H. & Warner, U. (2014). Soziodemographische Standards. In: Baur, N. & Blasius, J. (Hrsg.) Handbuch Methoden der empirischen Sozialforschung. Wiesbaden: Springer Fachmedien, S. 733–742.

Hormel, U. (2010). In: Diskriminierung. Grundlagen und Forschungsergebnisse. Wiesbaden: VS Verlag für Sozialwissenschaften, S. 7–21.

Hummrich, M. (2017). Diskriminierung im Erziehungssystem. In: Scherr, A., El-Mafaalani, A. & Yüksel, G., Hrsg. Handbuch Diskriminierung. Wiesbaden: Springer Fachmedien, S. 337–353.

Kromrey, H. (2006). Empirische Sozialforschung. Stuttgart: UTB Verlag.

Lück, D. & Landrock, U. (2014). Datenaufbereitung und Datenbereinigung in der quantitativen Sozialforschung. In: Handbuch Methoden der empirischen Sozialforschung. Wiesbaden: Springer Fachmedien, S. 397–411.

Lutz, H. & Wenning, N. (2001). Unterschiedlich verschieden. Differenz in der Erziehungswissenschaft. Wiesbaden: Springer Fachmedien.

Marten, E. & Walgenbach, K. (2017). Intersektionale Diskriminierung. In: Scherr, A., El-Mafaalani, A. & Yüksel, G., Hrsg. Handbuch Diskriminierung. Wiesbaden: Springer Fachmedien, S. 157–173.

Merton, R. K. (1995). Soziologische Theorie und soziale Struktur. De Gruyter.

Mirbach, F. (2013). Sozialstruktur und Religiosität der Muslime in Deutschland. In: Halm, D. & Meyer, H. (Hrsg.). Islam und die deutsche Gesellschaft. Wiesbaden: Springer Fachmedien, S. 21–47.

Möller, K. (2017). Entwicklung und Ausmaß gruppenbezogener Menschenfeindlichkeit. In: Scherr, A., El-Mafaalani, A. & Yüksel, G., Hrsg. Handbuch Diskriminierung. Wiesbaden: Springer Fachmedien, S. 425–449.

Pates, R., Schmidt, D., & Karawanskij, S. (Hrsg.) (2010). Antidiskriminierungspädagogik. Konzepte und Methoden für die Bildungsarbeit mit Jugendlichen. Wiesbaden: VS Verlag für Sozialwissenschaften.

Pautz, H. (2005). Die deutsche Leitkultur: Eine Identitätsdebatte: Neue Rechte, Neorassismus Und Normalisierungsbemühungen. Stuttgart: Ibidem-Verlag.

Raithel, J. (2008). Quantitative Forschung. Wiesbaden: VS Verlag für Sozialwissenschaften I GWV Fachverlage GmbH.

Reichertz, J. (2014). Empirische Sozialforschung und soziologische Theorie. In: N. Baur & J. Blasius, Hrsg. Handbuch der empirischen Sozialforschung. Wiesbaden: Springer Fachmedien, S. 65–81.

Sadigh, P. (2015). Religionsfreiheit. Vorbild mit Kopftuch. Zeit Online. Online verfügbar unter: http://www.zeit.de/gesellschaft/schule/2015-03/religionsfreiheit-kopftuchverbot-ge-kippt-bundesverfassungsgericht, [25.12.2017].

Saletin, K. (2007). Diskriminierungserfahrungen ethnischer Minderheiten in der Bundesrepublik. Bielefeld: Institut für interdisziplinäre Konflikt- und Gewaltforschung.

Scherr, A. (2017). Einleitung: Interdisziplinäre Diskriminierungsforschung. In: Scherr, A., El-Mafaalani, A. & Yüksel, G., (Hrsg.). Handbuch Diskriminierung. Wiesbaden: Springer Fachmedien, S. I-1.

Schulz, B. (2017). Islamophobie in Großbritanien. Zeit Online. Online verfügbar unter: http://www.zeit.de/gesellschaft/zeitgeschehen/2017-06/muslime-grossbritannien-islam-feindlichkeit-bbc-finsbury-park, [14.12.2017].

Sherif, M. & Sherif, C. (1969): Social Psychology. New York: Harper & Row.

Shooman, Y. (2014). „…, weil ihre Kultur so ist". Transcript Verlag.

Statista (2018). Bildungsstand: Verteilung der Bevölkerung in Deutschland nach höchstem Schulabschluss (Stand 2016). Hamburg: Online verfügbar unter: https://de.statista.com/statistik/daten/studie/1988/umfrage/bildungsabschluesse-in-deutschland/, [11.02.2018].

Stein, P. (2014). Forschungsdesigns für die quantitative Sozialforschung. In: Baur, N./ Blasius, J. (Hrsg.) Handbuch Methoden der empirischen Sozialforschung. Wiesbaden: Springer Fachmedien. S. 135–151.

Stichs, A. (2016). Wie viele Muslime leben in Deutschland? Im Auftrag der deutschen Islamkonferenz. Berlin: BAMF.

Tajfel, H. (1978). The social psychology of minorities. In: Minority Rights Group (Hrsg.), Report No. 38. London: Minority Rights Group.

Tajfel, H. & Turner, J. C. (1979). An integrative theory of intergroup conflict. In: W. G. Austin/S. Worchel (Hrsg.), The social psychology of intergroup relations (S. 33–47). Monterey: Brooks/Cole.

Tajfel, H. & Turner, J. C. (1986). The social identity theory of intergroup behavior. In S. Worchel/W. G. Austin (Hrsg.), Psy-chology of intergroup relations (2. Aufl., S. 7–24). Chicago: NelsonHall.

Talhout, L. (2017). Antimuslimischer Rassismus – Eine Fallrekonstruktion biografischer Diskriminierungserfahrungen. Saarbrücken.

Uslucan, H. & Yalcin, C. (2012). Wechselwirkung zwischen Diskriminierung und Integration – Analyse bestehender Forschungsstände Expertise des Zentrums für Türkeistudien und Integrationsforschung (ZfTI) im Auftrag der Antidiskriminierungsstelle des Bundes. Essen.

Wagner, P. & Hering, L. (2014). Online-Befragung. In: Baur, N. & Blasius, J. (Hrsg.)
  Handbuch Methoden der empirischen Sozialforschung. Wiesbaden: Springer Fachme-
  dien, S. 660–670.
Zeit Online (2017). Islamfeindlichkeit: Gewalt gegen Muslime nimmt zu in Deutschland,
  Hamburg: Online verfügbar unter: https://www.zeit.de/gesellschaft/zeitgeschehen/2017-08/
  islamfeindlichkeit-muslime-deutschland-uebergriffe, [03.12.2018].
Zick, A. (2017). Sozialpsychologische Diskriminierungsforschung. In: Scherr A.,
  El-Mafaalani A. & G. Yüksel, Hrsg. Handbuch Diskriminierung. Wiesbaden: Springer
  Fachmedien, S. 59–81

Printed in the United States
By Bookmasters